抗日英雄小故事 系列

彭雪枫

周东升　汪铮／主编

李婧／编著

团结出版社

UNITY PRESS

图书在版编目（CIP）数据

彭雪枫 / 李婧编著.--北京：团结出版社，
2015.6（2021.9重印）
  （抗日英雄小故事系列 / 周东升，汪铮主编）
  ISBN 978-7-5126-3670-5

  Ⅰ.①彭… Ⅱ.①李… Ⅲ.①彭雪枫（1907～1944）
-传记-青少年读物 Ⅳ.①K825.2-49

  中国版本图书馆CIP数据核字（2015）第134074号

出　版：团结出版社
　　　　（北京市东城区东皇城根南街84号　邮编：100006）
电　话：（010）65228880　65244790（出版社）
　　　　（010）65238766　85113874　65133603（发行部）
　　　　（010）65133603（邮购）
网　址：http://www.tjpress.com
E-mail：zb65244790@163.com（出版社）
　　　　fx65133603@163.com（发行部邮购）
经　销：全国新华书店
印　刷：天津兴湘印务有限公司

开　本：670毫米×960毫米　16开
印　张：8
字　数：72千字
版　次：2015年6月　第1版
印　次：2021年9月　第4次印刷

书　号：978-7-5126-3670-5
定　价：29.80元

目　录

抗日英雄
彭雪枫

抗日英雄
小故事

抗日英雄
彭雪枫

一、有为少年　胸怀壮志

1. 英雄出身平民

1907 年 9 月 9 日，河南南阳镇平县七里庄已经笼罩在了一片夜色之中，白天热热闹闹的村庄现在变得格外安静。但一串清脆的哭声打破了夜空的宁静，一个婴儿降生在了七里庄的一户农家，这个婴儿就是后来的抗日名将彭雪枫。

彭雪枫出生的这户农家叫"六德堂"，这是彭雪枫的祖父起的名字。彭雪枫的祖父名叫彭汝澜，他继承了祖辈世代辛勤劳作的优良传统，一生在田间辛苦耕种，养活一家大小。但彭汝澜的人生并不局限于此，他还致力于文化教育，他自己文墨兼通，曾设立家塾教人读书，反对封建迷信，是个很有学问和道德修养的人，很受人们的尊敬。彭汝澜在自己那辈的弟兄中排行老六，所以自取家号为"六德堂"。彭雪枫的父亲彭延泰是家中的次子，他秉承了父亲勤劳善良的品行，虽然识字不多，但头脑灵活。农闲的时候就外出当丝绸纺织工来挣钱养家，一生正直、安分守己。彭雪枫的母亲是一位朴实的农村妇女，十几岁就嫁入了彭家，一心相夫教子，平日里为人忠厚、善良，与邻里相处和睦。在父母的影响下，彭雪枫从小就受到了良好的教养。此外，彭雪枫出生的时候，家中一起生活的还有自己的大伯彭延庆和伯母马氏，以及堂姐彭修英。彭雪枫的降生，给这户普通的农家带来了无限的欢乐。一家人都把他视为掌上明珠，疼爱有加，祖父彭汝澜就更不用说了。在彭雪枫刚出生没几天，彭延泰对父亲说："爹，你看给孩子起个什么名字呢？"彭汝澜思索了一会儿说："就为他取乳名为隆兴吧，希望我们彭家的家道从他开始能兴隆发展，我再给他取个学名，按照咱们族谱上的排序，到他这一辈是"修"字，那就叫修道吧，希望他长大以后能够学有所用，成就一番大事业。"一家人听后都高兴极了，纷纷说名字取得好。而为大家所熟知的"雪枫"这个名字是彭雪枫后来参加革命后自己更改的。

彭雪枫日后能够成为一名心系祖国人民的爱国大将，可以说与他从小的良好教育是密不可分的。彭雪枫的第一位启蒙老师就是自己的祖父彭汝澜，从五岁起，祖父就开始教他读书认字。在别人家的孩子还赖在父母身边撒娇的时候，彭雪枫早就学习完了《三字经》《千字文》《百家姓》《千家诗》了，不但说话头头是道，而且还能写好多汉字，左邻右舍都夸赞彭汝澜教育有方，纷纷让自己的孩子以彭雪枫为榜样。除了和爷爷一起读书写字外，彭雪枫最大的乐趣就是缠着爷爷讲故事。"刘备三顾茅庐""岳飞奋勇杀敌""杨家将保家卫国""陈胜吴广起义""李自成组建农民军"等故事都让彭雪枫百听不厌。虽然那时候的彭雪枫还是个孩子，但这些英雄们舍身为国的行为事迹都深深影响着他。加之当时的中国老百姓都处在水深火热中，彭雪枫见得最多的就是豪强地主和恶霸对农民的剥削和压迫，他内心充满了对这个黑暗社会的反感，而这些英雄人物富有传奇色彩的故事让他在黑暗中看到了曙光，他从小就暗暗发誓："长大以后一定要做个有用的人。"除了祖父的教育，他还深受自己大伯的影响。大伯彭延庆因为有文化就被地主家里聘去当老师，于是彭雪枫从六七岁开始就跟着伯父到地主家的私塾去伴读。因为来读书的都是有钱人家的阔少爷，所以彭雪枫没少受气。有一次，新来了一个王少爷，看见教室的最边上坐着穿着破烂的彭雪枫，就上前去奚落他："你谁啊，哪儿的啊，也敢坐在我们这里上课，赶紧滚出去吧，别弄脏我们的教室。"彭雪枫听后十分气愤，反驳道："我是老师的侄子，我来这里是读书学习的，不是比谁吃得好，穿得好的。你是比我生活得好，但有本事你和我比比学习成绩。"王少爷听后羞愧地低下了头。由于彭雪枫天资聪明，又勤奋好学，很快就成为私塾中成绩最好的孩子，许多古文《赤壁赋》《出师表》《满江文》等他不但能够背诵如流，而且还能领悟其深层次的含义，让其大伯都感到非常吃惊。

彭雪枫虽然出身平民，但从小的良好教育让他与其他的孩子相比显得与众不同。英雄的故事，让他富有正义感和同情心；社会的动乱，让他形成了勇敢和坚强的性格；残酷的现实，让他对地主恶霸恨之入骨，所有这些都为以后革命斗争的需要打下了情感基础。

2. 勇救李奶奶

彭雪枫少年时所处的那个时代是个多事之秋，连年军阀混战，灾祸不断。尤其是横行一方的土匪，经常闯进村寨，强取豪夺，令百姓们苦不堪言。虽然多次到衙门告状申冤，但因地方官和土匪沆瀣一气，最后受害的还是老百姓。大伙虽然对土匪恨之入骨，但也无可奈何。

彭雪枫所在的七里庄，为了避免土匪的侵扰，就组建了一支保卫队。这天保卫队正在村中央的空地上练习，彭雪枫跑过来大声地说道："我也要加入保卫队，保护咱村的人。"大伙先是一愣，后来就哈哈大笑起来，村长说："你个娃娃家的不要添乱，赶紧回去找你家大人去吧。"彭雪枫一点儿也不惧怕地说道："娃娃家的怎么了啊，谁规定我们就不能参加保卫队了啊。"村长一看这小家伙还挺有骨气，不像是胡闹，就问道："那你说说，你怎么就能保护村民了呢？"彭雪枫严肃地说道："我虽然没有你们大人力气大，但是我身形小，平时我可以去村口附近的山上放哨，不容易被土匪发现，而且我动作快，如果土匪来了，我能第一时间跑回来报信啊。"大伙看着彭雪枫一本正经的样子，不像是胡闹，也觉得他说的话在理，商量一番就同意他加入了。于是每天清早，都会看到七里庄的保卫队里有个小孩子在一起跟着训练。傍晚，保卫队里有个孩子也扛着枪跟着大人在村里巡逻。一天，彭雪枫在村口的山头上巡逻的时候，远远地就看到一队骑马的人向村子这边过来了，他心想："不好，土匪来了，我得赶紧去通知大伙。"然后马上飞奔回去，敲响了村里的报警钟。村里的男女老少听到钟声，知道是土匪来了，纷纷向山上逃去。彭雪枫回到家里，叫上爷爷，拉上母亲和弟弟，与父亲和大伯一家赶紧往树林中的隐蔽地方跑去。一家人刚跑到安全的地方，彭雪枫发现住在村口的孤寡老人李奶奶因为腿脚不好，还在家中没有逃出来。于是他对母亲说："你们就待在这，哪都别去，我回趟村去接李奶奶。"母亲一看彭雪枫要回去，着急地说道："不能回去啊，遇到土匪怎么办，让你爸回去吧。"彭雪枫说："别担心，我没事，我爸帮着安置其他村民呢，我能行。"说完不顾母亲的拦阻跑回了村子里，来到李奶奶家。李奶奶一见彭雪枫很是吃惊地说："孩子，你咋回来了呢？这土匪眼看就要进来了啊。"彭雪枫说："李奶奶，我是回来接你的，快跟我走。"李奶奶摇摇头说："我老了，走不动了，死了也没关系，你快走，别拖累了你。"彭雪枫说："不怕，我有力气，我可以背着您。"说完就把李奶奶背在了身上往外跑，一路上彭雪枫跑跑停停，累得大汗淋漓，但始终咬牙坚持着，直到把李奶奶安置妥当。他找到自己的家里人报了平安，就拿起枪和大人们一起去巡逻了。土匪走后，大伙回了家，李奶奶逢人就夸彭雪枫是个好孩子，很快彭雪枫勇救李奶奶的事情就在村里传开了，大伙纷纷对他竖起了大拇指，说他以后定能成大器。

彭雪枫在七里屯保卫队的日子里，做了很多事情。但他从来没有喊过苦、喊过累，更没有放弃过。每当村里人夸他的时候，彭雪枫都会感到不好意思，然后骄傲地说："你们别夸我

了，这些都是我应该做的。我是村里的一分子，我就有义务保护大家。"

3. "五四"的洗礼

彭雪枫在私塾成绩优异，而且天资过人，大伯彭延庆说服彭雪枫的父亲，将他送到了县城仓房街初级小学读书。彭雪枫深知此次学习机会来之不易，于是更加刻苦地学习，甚至废寝忘食。不久就因成绩突出被省里的一位先生发现了，破格让他直接升入县城著名的察院模范学校就读。

进入察院模范学校学习，令彭雪枫非常高兴，但他的内心也充满了矛盾。因为那个时候彭雪枫的两个弟弟都已经长大了，也要读书了，但家里仅靠父亲在外当丝绸工人勉强养家，三个孩子都要读书根本负担不起。于是为了节省开支，给家里减轻负担，彭雪枫每顿饭都吃得很少，往往就是一个馒头和一碟咸菜。每次放假回家，为了省鞋，他都光着脚走回去，到了村口才把鞋穿上。有一次，母亲看到了他脚上的伤口，心疼地问："你这是怎么弄的啊，是不是不舍得穿鞋，光脚走路磨破的啊？"彭雪枫怕母亲担心赶紧说道："不是的，是学校组织开运动会了，我报了个长跑，每天都练习跑步，磨的，你放心吧，一点儿都不疼，过几天就好了。"如此艰苦的生活条件更加激发了彭雪枫的学习热情，他克服重重困难，学习成绩一直名列前茅。在学习的同时，彭雪枫也开始读阅进步书刊，反帝反封建的爱国思想开始萌发。在彭雪枫进入察院小学读书不久，北京就爆发了"五四"爱国学生运动，并很快发展到了全国。一时间"外争国权，内惩国贼"的口号响彻了大街小巷，反帝反封建的思想也深深影响了彭雪枫。

五四运动以后，彭雪枫的爱国豪情就一发不可收了。他在读书之余，积极投身于反帝反封建的爱国运动当中。一天彭雪枫从家里返回学校，刚走到县城的路口就看见一伙人围在一起看什么，人群中还不时有人说道："太惨了，日本人太没有人性了。"好奇的彭雪枫听到这些赶紧挤了进去，原来是城墙上张贴了多张日本人侵略朝鲜的漫画，漫画中朝鲜人民遭到了日本人的屠杀，房屋都被烧毁了，随处可见的都是废墟。彭雪枫看着这些漫画，心中怒火中烧，他登上一处土坡，开始对着人群呼喊："各位叔叔阿姨、哥哥姐姐们，你们看到了吗，日本人是如此的残暴和没有人性，虽然今天遭到迫害的是朝鲜人民，但如果我们不反抗，那么明天遭到迫害的就是我们。"大伙听了彭雪枫的话都高声议论起来："对，小日本天天想占领我们的地盘，老是制造事端。""我们决不能让日本人也跑到我们的国家来为非作歹。"彭雪枫看到人们的觉悟很是高兴，挥动着小拳头高喊道："中国人民团结起来，打倒卖国的北洋军阀，不要给日本人当牛马。"他的呼喊激发了在场很多群众的爱国热情,一时间"打倒北洋军阀、打倒帝国主义的"口号响彻了全城。回到学校以后,彭雪枫心中仍然非常激动,但又无法用言语来表达,于是他将内心的情感都寄托在文章中。先是写了《李自成打梁寨》一文,赞扬了李自成率领农民军到梁寨打土豪、分田地的义举;不久又完成了《和家姐谈女子无才便是德》一文,通过列举中国历史上佘太君、穆桂英等德才兼备的女子,来驳斥"女子无才便是德"的言论。彭雪枫的国文老师看了这两篇文章以后,对他大为称赞,并把这两篇文章刊登在了学校的报刊上,获得了全校师生的一致好评。

　　五四运动让彭雪枫找到了思想指引的灯塔,多年来在心中集聚的爱国情感终于得以爆发。从这一刻开始,他真正明白了,在中国只有打倒反动军阀,驱除外敌才能真正让人民过上好日子。正是由于这次学生运动的洗礼,彭雪枫开始渐渐向往革命了。

4. 戳穿"红枪会"

　　当时处在北洋军阀统治下的中国可以说是时代动乱,民不聊生,但并不是所有的人都能像彭雪枫那样为民族大义舍身忘我,相反很多人趁火打劫,欺压老百姓。"红枪会"就是这样一个组织，表面上打着保护老百姓的旗号，实际上通过宣传一些迷信思想来蛊惑人们入会以骗取钱财。

彭雪枫每次放假回家，都会发现临近村庄的很多人都陆陆续续地加入了"红枪会"。"红枪会"整日宣传的"吃符念咒，刀枪不入"的思想迷惑了很多村民。他们天天在村中设坛练习，弄得村里乌烟瘴气。彭雪枫决心要戳穿他们的阴谋诡计。一天，"红枪会"的几个首领来到了七里庄，他们敲锣打鼓地将村里人都吸引到了关帝庙里，然后开始向人们大肆鼓吹红枪会。其中一个人站出来说道："乡亲们，现在土匪和军阀横行，对我

抗日英雄
小故事

们说打就打，说杀就杀，根本不给我们活路啊。"大伙一听都觉得他说到了心坎里，纷纷集中了注意力。他清了清嗓子继续说道："但你们不要担心，更不要害怕，因为我们红枪会可以保护你们。你们只要加入我们，就可以变得力量无穷，为啥说能力量无穷了？因为关老爷显灵了，可以保我们刀枪不入啊。"说着就跪在了关老爷的泥塑前。大伙听了都半信半疑地你看看我，我看看你的没了主意。这时候，夹在人群中的彭雪枫决定要试试看，这人真的是刀枪不入吗。于是彭雪枫悄悄地绕到了庙后面捉了一只蝎子，然后又返回庙里，趁人不注意放在了正跪着的那人的衣服里。那人正起劲地向村民宣传呢，突然被蝎子蜇了一口，疼得一下子滚倒在了地上，一旁的同伙赶紧七手八脚地把蝎子找了出来。那个首领气愤地刚要踩死这只蝎子，彭雪枫马上跑出来说道："大仙，此蝎子杀不得啊，它可是我们关帝庙的生虫啊。"首领气得脸都绿了，但也无可奈何，只能放了那只蝎子。一旁的老百姓都憋不住笑了，哄笑地说道："啥刀枪不入啊，一只蝎子就给咬成这样了。""红枪会"的几个人看这戏演不下去了赶紧灰溜溜地走了。但他们并不死心，几天后又跑到七里屯来宣传刀枪不入的把戏。这次他们带了一些枪和子弹，让一个人用枪朝另一个人射击，另一个人毫发无损。在场的老百姓给惊呆了，有的人还真的相信了。彭雪枫从来都不相信这些东西，他在心里暗暗想着："这不可能啊，人都是血肉之躯，怎么可能抵御枪炮的袭击呢，一定是他们在哪里做了手脚。"想到这里，彭雪枫决定晚上偷偷地去他们住的地方打探打探。这一打探，还真让彭雪枫发现了其中的秘密，原来红枪会的人事先把子弹中的火药都倒掉了，这样子弹就对人体没有任何伤害力了。第二天，红枪会的几个人又再次上演这出把戏的时候，彭雪枫趁他们不注意顺手拿过一颗子弹说道："大伙不要上当啊，你们看他们的子弹里根本就没有火药啊。"说着彭雪枫就把子弹递给大家看。大伙一看才知道上了当了，非常气愤，群起而上把红枪会的家伙什都给踩了个稀巴烂。红枪会的几个骗子看彭雪枫是本村的人，老百姓情绪又如此激动，最终也无可奈何，赶紧收拾好剩余的东西灰溜溜地走了。他们走了以后，彭雪枫对大伙说："这个世界上就没有刀枪不入的东西，要想保护咱们的村子，只能依靠咱们自己的真本事。"乡亲们听后纷纷点头同意。

在彭雪枫的影响下，七里屯没有一个人参加红枪会，而是有钱的出钱，有力的出力，依靠自己的力量买枪置弹，团结一致共同保卫自己的家园，彭雪枫也逐渐成了村里的中心人物。

5. 怒打"马大个"

在动乱的社会里，彭雪枫养成了勇敢、机智和自强不息的坚强性格；在五四运动的洗礼下，彭雪枫的爱国热情满溢心中，这些都促使他迅速成长，让他多了一份这个年龄本不该有的成熟。每当彭雪枫看到有同学和老百姓受压迫的时候，他总是挺身而出。

彭雪枫当时就读的察院模范学校因为是重点学校，所以免不了有很多官宦子弟和地主家的少爷也来上学。但这些纨绔子弟平日里只知道欺负人，哪里会好好学习。彭雪枫的班上就有个仗势欺人的马少爷，因为他长得人高马大，于是大家都叫他"马大个"。"马大个"的父亲是镇平县衙里的科长，家中有钱有势，"马大个"又是家中独子，所以倍受宠爱，从小就骄横跋扈，上学后，专门欺负穷人家的孩子。那时候班里有个学生名叫李晓光，由于家里穷困，经常是吃了上顿没有下顿。长期的营养不良导致他身体又瘦又小，"马大个"经常欺负他。有一次，"马大个"要抄李晓光的作业，李晓光说什么都不肯，"马大个"气愤地说："快点给我拿过来，我抄得高兴了赏你几个钱。"李晓光愤愤地说道："谁稀罕你的臭钱，作业是我自己辛辛苦苦写好的，为什么你要不劳而获呢？""马大个"一听火冒三丈，走到李晓光面前说："好啊，给你脸不要脸是吧，我看你是活腻了吧。"说完就重重地给了李晓光一拳，打得他直流鼻血。彭雪枫看到这里怒火中烧，跑上前去扶起了李晓光，然后一把拽过"马大个"说："你凭什么打人，赶紧道歉。""马大个"轻蔑地说了句："道歉，就你们这些穷鬼，也配让我道歉啊。"彭雪枫听完上前就给了"马大个"一拳，说道："不道歉，那让你也尝尝挨打的滋味。""马大个"挨了打也不甘示弱，很快就和彭雪枫扭打在了一起。虽说"马大个"人高马大，但他娇生惯养，哪里是彭雪枫的对手啊，没几下就败下阵来，被彭雪枫打得直求饶。彭雪枫看他求饶也就停了，问道："以后你还敢打人吗？""不敢了，再也不敢了。"彭雪枫继续说："不管你家多有背景，多富有，但是就是不准欺负人，记住了吗？""记住了，记住了。""马大个"点头

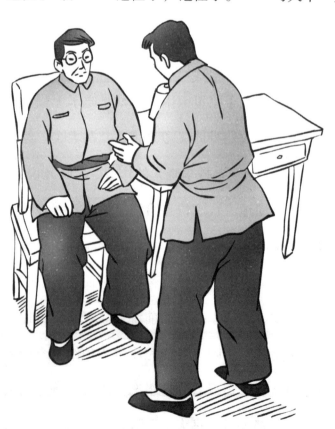

说是。事后，李晓光找到彭雪枫说："谢谢你帮助我。"彭雪枫笑着说："别和我客气，我们都是穷人家的孩子，如果我们再不相互帮助，那谁还能帮助我们呢。"李晓光想了想又说道："可是我很担心啊，'马大个'要是回家告诉他们家里的人来找你麻烦怎么办啊？"彭雪枫毫无畏惧地回答说："不用担心，他平日里专门欺负人，弄得学校鸡犬不宁，别说他爸是县衙的科长，就是天王老子来了，我也不害怕。"李晓光被彭雪枫的凛然正气深深感染了，以后的日子里，两个人经常一起学习，一起交流思想心得，很快就成了无话不谈的好朋友了。

彭雪枫教训"马大个"的事情很快就在同学中传开了，大伙都竖起大拇指称赞彭雪枫是好样的。这件事情以后也让彭雪枫更加明白了：在一个黑暗的社会中，压迫是不可避免的，但只有反抗才能获得一线生机，如果忍气吞声，那么最后只能任人宰割。

二、投身革命　保家卫国

1. 以孙中山为榜样

1911 年，孙中山先生领导的辛亥革命爆发，统治中国二百多年的清王朝被中华民国所取代，这给当时一片混乱的中国带来了一线希望。但很快革命的胜利果实就被袁世凯窃取了，他还企图恢复帝制，终因不得民心而失败。鉴于此，冯玉祥将军邀请当时正在广州的孙中山先生北上，共同商讨大计。孙中山先生为了民族大义不顾身体不适，毅然决定北上。

孙中山先生即将北上的消息很快就传到了北京。全城百姓都欢欣鼓舞，育德学校的学生更是沸腾了。彭雪枫找到校长毛遂自荐道："校长，中山先生即将北上了，我想在学校组织一支欢迎中山先生的队伍。"校长听了他的话，抬头问道："嗯，很好，但我想知道你组织这支队伍的目的是什么呢？"彭雪枫想了想说道："孙中山先生领导了辛亥革命，推翻了清王朝统治，而且他主张'驱除鞑虏，恢复中华'，为我们指明了革命道路。组建这个欢迎队伍，一是表达对孙中山先生的敬佩之情；另外是想能通过这样的欢迎活动来感染每一个人，正所谓'天下兴亡，匹夫有责'，希望更多的同学能加入到爱国、救国的队伍中来。"校长听后连连点头，对彭雪枫很是赞赏。于是彭雪枫就带领同学们在学校张贴标语、拉横幅，气氛很是热烈。1911年12月31日，北京街头人头攒动，数十万民众上街迎接孙中山先生，彭雪枫手捧鲜花也在欢迎的队伍中。孙中山先生乘坐的火车马上就要进站了，彭雪枫觉得自己的心跳加速了，当孙中山先生走下火车的时候，掌声雷鸣般地响起，彭雪枫激动得不停地和同学说道："快看，快看啊，这就是我们敬爱的孙中山先生。"但在激动之余，细心的彭雪枫很快就发现，孙中山先生脸色苍白，身体很是虚弱，果不其然，当民众希望孙中山能讲话的时候，中山先生连续地咳了起来。彭雪枫的心揪紧了："中山先生都病成这样了，还心系国家大事，令人敬佩，他真是我们学习的榜样啊。"一旁的同学也纷纷点头称是。回到学校后，彭雪枫的内心依然久久不能平静，这是他第一次看到如此盛大的欢迎场面，也是他第一次感受到人民群众可以如此爱戴一个人，更是第一次感受到了革命领袖的号召力之所在。让他对革命更充满了无限的向往。然而，孙中山先生到达北京不久后，就因病情严重，不幸病逝了。消息传来，举国悲痛，彭雪枫伤心地痛哭流涕，他和育德中学的全体师生一起臂戴黑纱，以示哀悼。在悼念孙中山先生的大会上，彭雪枫在心中暗暗发誓："今后一定要以中山先生为学习的楷模，努力成为一个对国家有用的人。"

　　孙中山先生的革命精神激励着彭雪枫在后来的革命道路

上勇往直前。此后，彭雪枫在革命战争年代里，每当遇到困难，都以孙中山先生的事迹来激励自己，他还在自己的部队中号召战士们向孙中山先生学习，在每次出师之前更是举行纪念孙中山先生的革命活动，鼓励革命军保家卫国、爱国爱民。

2. 加入共青团

1925 年当全国人民还沉浸在孙中山先生去世的无限悲痛之中时，上海发生了震惊中外的"五卅惨案"。上海两千多学生在租界内散发传单，发表演说，抗议日本纱厂镇压工人大罢工，被英国巡捕逮捕一百多人。下午群众聚集在巡捕房门前要

求释放学生，英国巡捕竟开枪射击打死数十人，这激起了全国人民的无比义愤。以上海为中心的五卅爱国运动轰轰烈烈地开展了起来。育德学校在彭雪枫领导下，也积极行动起来。彭雪枫先是找到了平日与自己关系要好的牛连文、赵子众、郭英等同学，他对大伙说："现在全国都在开展反帝的爱国运动，我们也应该行动起来，为那些被枪杀的同学们讨回公道。"赵子众说："对，我们确实不能坐视不理，但我们都是手无寸铁的学生，我们该怎么办呢？"彭雪枫说："北京学联已经派人来我们学校了，我们当务之急就是要成立学生会，将我们分散的力量组织在一起，才能开展活动。"随后大家就推选彭雪枫为代表，积极向校方请愿建立学生会。校长余心清看到大伙意气高涨就同意了这一请求，并叮嘱道："成立学生会，是为了保护我们自己，请大家一定要正确发挥学生会的作用，让它成为我们爱国的团体组织，切勿干违法乱纪的事情。"于是育德学校学生会正式成立了，并推选彭雪枫为学生会会长。学生会成立时，正值北京各界学生示威游行的大高潮，彭雪枫深受感染，与学校的爱国学生都希望能够参与进去，但校长余心清知道后劝阻说："同学们，我知道你们此时此刻的心情，我的心情和你们是一样的。但请你们冷静，在上海已经牺牲了我们很多同胞了，你们不能再做无谓的牺牲啊。"彭雪枫激动地说道："这是在咱们中国的土地上，我就不相信，那些帝国主义国家还敢横行霸道，我们不怕，就算我们真的倒下了，还有千千万万的同胞在背后支持我们呢。"一旁的同学也纷纷说道："我们不怕，校长您就让我们参加吧。"余心清看拗不过大伙也就同意了。随后，彭雪枫就带领大伙走上街头，加入到了游行示威的队伍中了，他们一路高喊："打倒帝国主义"的口号，沿街开展游行宣传活动，向民众发放爱国宣传单，并进行爱国教育。同时，具有长远眼光的彭雪枫经过几天的游行，意识到学生会宣传的范围不应该局限在大城市，更应该深入到农村，让更多的人接受爱国教育。于是他带领同学们深入到学校附近的团河村、黄村，张贴反对帝国主义杀害工人、学生的标语、图画，还积极召开群众大会，在会上发表演说，揭露英、日帝国主义的罪行，在当地的农民群众中产生了积极的影响。可以说彭雪枫是整个育德学校爱国运动的领导者，由于他在运动中表现优秀，引起了共青团北京地委书记唐从周的注意，经过多方面的考察，最终决定吸收他为中国共产主义青年团团员。

加入共青团以后，彭雪枫更加积极地参加反帝爱国运动。在共青团的教育下，他的思想也进一步得到升华，觉悟得到了进一步提高。自此也揭开了彭雪枫崭新的人生篇章，开始了他"出生入死、致力革命二十年"的光辉战斗历程。

3. 拒绝婚事

时光飞逝，一转眼彭雪枫已经十七岁了，按照当时人的观念，此时彭雪枫已经成人了，到了应该成家的时候了。但是在国家危难当头，彭雪枫唯一的理想就是参加革命报效祖国。然而，彭雪枫的父母却开始为他的婚事着急了。

一天，彭雪枫正在上课，突然接到了家里的电报。彭雪枫心想："父母生活一向节俭，如果没有重要的事情，是不会发电报来的。"想到这里，彭雪枫赶紧跑到了学校收发室，一拿到电报就迫不及待地打开，原来电报上说他的母亲病重了，要他速回家。彭雪枫顾不得多想，向老师请了假，就踏上了回家的路程。一路上，彭雪枫心中百感交集："母亲啊，您一定要好好的。这么多年，您没有过过一天好日子，我也没有在您身边尽孝过。当年为了让我能上学，您将家里仅有的钱都给我了……"想着想着，泪水就模糊了彭雪枫的双眼。当满心焦急的彭雪枫终于回到家的时候，却被弄得莫名其妙。他刚到村口，就远远地看到自己家门前张灯结彩，走进院子里，也是到处都贴了"囍"字，他赶紧来到父母的房间，一推门就看到母亲坐在桌子旁缝制新衣呢。母亲看到儿子回来了放下手中的活说："修道啊，你可回来了，娘天天盼你早点回来啊。"彭雪枫给彻底弄糊涂了，问道："娘，电报上说您重病了，我担心死了，就赶紧回来了，您没事吧？"母亲笑道："我没病，事情是这样的，我和你爹给你安排了一户人家的姑娘，我们担心你不肯回来，才骗了你。"彭雪枫一听不高兴地说道："安排什么姑娘，我的书还没念完呢。再说我还有更重要的事情要做呢，现在还不想结婚呢！"这时彭雪枫的父亲彭延泰走了进来说道："修道，你已经这么大了，该成家了，不然会被别人笑话的。"彭雪枫说："爹，现在时局动乱，我顾不上儿女私情，真的不想结婚。"父亲说道："那怎么成，这样吧，你好歹见见人家姑娘，我们聘礼都送去了，哪能言而无信。"此时彭雪枫才明白，原来父母都安排好了一切，就等他回来结婚了。无奈，彭雪枫只能一边先答应着父母，一边再另想办法了。第二天，彭雪枫的父母就将姑娘接来了，她名叫秀琴，是邻村一户农家的。彭雪枫一见到她就开门见山地说道："秀琴姑娘，对不起，我不能和你结婚。"秀琴一惊，忙问："为什么，是我做错什么了吗？"彭雪枫说："不是，是因为生在了这样的一个时代，现在我们的国家一片混乱，又受到外敌的侵扰，最受苦的就是我们的老百姓了，所以我立志要好好读书，完成学业，为国家的复兴贡献我的一份力量，让像我们一样的普通老百姓早日过上好日子。"秀琴虽然不能完全听懂，但她看着彭雪枫慷慨激昂的样子，也被感染了。她点点头说道："修道哥，我知道你是要做大事的人，我不怪你。"彭雪枫感激地说道："谢谢你，秀琴。"于是两人商议好，这几天表面上先顺从父母的安排，等到快结婚的时候再想办法。

结婚的前一天，彭家上下都忙得不可开交，晚上早早地就都睡了。彭雪枫收拾好行囊，溜出了家门。走到村口的时候，他转身跪倒在地，朝着家的方向，心中说道："爹，娘，修道对不起你们了。请你们原谅儿子吧，等到国家解放，人民都能过上好日子的时候，我一定回来孝顺你们。"说完背起行囊匆匆地返回了学校。此后，彭雪枫就一心投入到了革命事业和抗日斗争中去了，直到1934年才与革命战友林颖在半城结婚，那时候他已经三十四岁了。当年彭雪枫胸怀大志坚决拒婚的事情也成了一桩美谈。

4. 师生资助渡难关

入团以后的彭雪枫，一方面积极带领大伙开展爱国活动，另一方面，利用一切时间努力学习文化知识。当彭雪枫正向着心中更远大的目标努力的时候，一场变故却悄悄地向他袭来了。

原来，彭禹廷的家里人很是瞧不起农民出身的彭雪枫，开始还以为彭雪枫没有什么大出息，在城里念几年书，碰了壁就回农村老家去了。没想到彭雪枫不但品学兼优，还成了育德学校的名人，这让彭禹廷的家人很是嫉妒，再加之多年来彭禹廷

023

抗日英雄
彭雪枫

一直资助彭雪枫上学，学费、生活费算下来也不是一个小数目，更是增添了他们的不满。于是全家人一起给彭禹廷施加压力，不让他再资助彭雪枫，彭禹廷一回家就被他们吵得心烦意乱。而在学校呢，很多人也因为彭雪枫并非西北军直系子弟而对彭雪枫很是不满，纷纷要求彭雪枫退学。在巨大的压力下，彭禹廷无奈只能放弃资助彭雪枫了。彭禹廷满怀歉意地找到彭雪枫说："修道，你不要怪叔叔，叔叔也是没有办法啊。"彭雪枫含泪点了点头说："叔叔，感谢您这么多年来对我的照顾，我会一辈子都记在心里的。"突如其来的变故，令彭雪枫很受打击，他独自一人在被窝中偷偷地哭，整整失眠了一夜。第二天一早，当彭雪枫收拾行李准备回家的时候，校长余心清来到宿舍拦住彭雪枫说道："彭修道，别收拾东西了。昨天晚上你叔叔彭禹廷来找过我了，和我说明了情况。"彭雪枫说："校长，我没有钱交学费，也没有钱吃饭了，不走怎么办呢？"校长说道："这个你不用担心，我已经给你安排好了，从今天开始你就到咱们学校的附小做兼课教师，一个星期教七个小时的国文课，每个月给你十元的补贴。"彭雪枫喜极而泣，激动地说道："谢谢校长，我一定努力上课，不辜负您的期望。"余心清说道："你就安心在这里读书吧，只要我还当一天校长，我就不会让你失学的，更不会让育德学校错失良才。"后来彭雪枫才知道，那天叔叔走后就去找了校长余心清，他对余心清说："校长，

抗日英雄
小故事

彭雪枫是个难得的有为青年，我现在没有办法继续资助他了，但恳请您能帮一帮他啊。"校长听后说："我对彭雪枫一直印象深刻，这样的良才确实不多见，你放心我会尽力安排的。"由此才有了校长安排彭雪枫教书的事情。校长走后，很多同学也来到宿舍安慰彭雪枫，几个要好的同学更是纷纷慷慨解囊，有的给他交学费，有的给他交书本费，有的给交伙食费……就这样彭雪枫在校长余心清和同学们的资助下，得以在育德学校继续学习。

此后，彭雪枫更加发奋苦读，也全心全意地给附小的学生上课。渐渐地以学识渊博和为人友善而被更多的人所熟知和爱戴，他在育德学校的威望更大了，大伙见到他都亲切地叫他"彭君"，他也由此成了很多人学习的榜样。

5. 随军迁往绥远

1925 年帝国主义联合国内的军阀，逼迫冯玉祥下野。冯玉祥面对巨大的压力，无奈交出大权撤离华北，育德学校也不得不跟随西北军撤离华北。

因为战乱，育德学校已经很久没有正式上过什么课了，如今又面临转移，所以很多老师都走了，加之校长余心清当时也在美国，无暇顾及国内事务，育德学校基本处于无人管理的状态，此时彭雪枫义无反顾地担起了大任。撤离的前一天育德学校接到通知，他们被分到几节油罐车，彭雪枫因此连夜召集学生会干部开会，他在会上说道："明天我们就要撤离了，但我们人数众多，必须好好筹划一下，不然很容易出乱子。"学生会的干部们纷纷说道："好，全听彭主席的安排。"于是彭雪枫开始分派起任务来："我们一共被分到了十节车厢，车厢号从一到十，张干事你负责把所有的同学分成十组，每组指定一个组长，明天一早组长负责清点人数安排上车；牛干事你负责去准备喝的水和干粮，我们要走好几天，所以尽量多准备一些；郭干事你去准备药品、被褥等日常用品。"在彭雪枫的安排之下，第二天一早，育德学校的同学们都有序地登上了开往绥远的列车。一路上，彭雪枫领着学生会的干部给同学们发馒头、咸菜、开水，晚上还要挨个车厢的检查，给同学们添衣盖被。很快火车就来到了西北境内，天气也开始变得很冷了。很多年龄小的同学都感冒生病了，有的同学更是因为想家而痛哭起来。彭雪枫虽然也患了感冒，还有点轻微发烧，但他知道这个时候他不能倒下，因为大伙都需要他。于是他忍着病痛，来到车厢安慰同学们说道："同学们，不要哭，我们虽然离开了我们的亲人，但我们和他们的心始终是在一起的。今天我们转移到绥远，就是为了积攒力量，为了让他们明天过得更好。请你们相信，我们一定还会返回北平的。"在彭雪枫的鼓励下，很多同学都振

抗日英雄小故事

作起来，大伙一起聊天相互鼓励，度过了一个个难熬的夜晚。

一天，彭雪枫刚走到一车厢就闻到了一股刺鼻的臭味，他抬头看去，发现方中铎有气无力地躺在地上，旁边的同学都躲得远远的，他赶紧走上前去，几个同学围过来说："彭主席，我们受不了了，方中铎一直在这里大小便。"彭雪枫赶紧说道："你们先去别的车厢，我来处理。"彭雪枫来到方中铎的身边掀起被子，发现他的衣服、被子早就被粪便给弄脏了，方中铎难过地说道："对不起，彭主席，我病了，一直在拉肚子，我痛得都起不来了，才会弄成这样。"彭雪枫说："没关系，你别着急，我先帮你把衣服换了，一会儿再收拾你的被褥。"说完就把方中铎抱到了一边，给他换好衣服后，又给他换了新的被褥，方中铎感动地直哭，其他同学在彭雪枫的感染下，也开始纷纷帮助病中的方中铎。

到达绥远以后，学校虽然有了新校址但依然没有一个明确的负责人管理，彭雪枫等人也因为刚到此地不熟悉情况，所以无力筹备学校相关事宜。学校的医疗、卫生、伙食等问题并没有得到很好的解决，同学们经常是吃了上顿没有下顿，有病也只能忍着。在这样恶劣的条件下，有个同学因病死亡了，这引起了同学们对学校当局的不满。彭雪枫找到当局的领导质问道："我们来到绥远是学习的，不是来受罪的。为什么我们来了这么久都不给我们安排伙食、医生呢？现在我们的一个同学死了，你们必须负责，并开追悼会，不然我们就罢课抗议，给冯将军写信，直到给我们一个满意的答复。"校方当局自知理亏就同意了彭雪枫的要求。在追悼会上彭雪枫发表了慷慨激昂的悼词："同学们，我们已经失去了一个同伴了，不能让这样的事情再发生了。学校当局不给我们安排负责人，不管我们吃住，更不给我们看病，我们决不能让这样的事情再发生了。我们要团结起来，维护我们的正当利益。"自此以后，彭雪枫领导育德学校的学生多次到当局门口示威游行，最终取得了多方面支持，学校各项工作进入了正规。

彭雪枫在这次事件中，认识到了人多力量大的好处。他在课余时间积极向同学宣传"众人拾柴火焰高"的道理。一时间，团结、友爱、互相关心的精神在全校蔚然成风，彭雪枫在学生中的威望也越来越高。

6．勇闯都统府

1926 年，冯玉祥领导的西北军因寡不敌众，被迫再次西撤到甘肃等地。因为此次撤退仓促，育德学校未能及时赶上，几百学生只能暂时留在绥远。因学校被征占，他们只能到一座破庙容身，生命和安全正受到严重威胁。

此时的彭雪枫心中万分焦急，他一连几天都睡不着觉，苦苦思考到底该如何解决现在面临的困难呢？"现在唯一的办法就是去找绥远都统商震了。"他将自己的想法告诉了王志远等人。王志远担心地说道："商震虽是绥远的都统，但他是支持晋军，反对西北军的。他那么大的人物，能把我们这些学生放在眼里吗？"彭雪枫想了想说道："眼下，也没有别的办法了，只能放手一搏了。"一旁的几个同学还是摇头说："这样做太冒险了，说不定我们不但没有说服商震，反倒是把我们自己给搭进去了。"彭雪枫耐心地劝说道："我想不至于此，商震虽然是晋军的将军，但他平日里很是敬重我们的冯将军，加上老百姓一直对他的评价很好，我觉得他是不会为难我们的。"彭雪枫看同学们不反对了继续说道："现在也容不得我们想那么多了，许多同学都生病了，再不想办法，就来不及了。"第二天一早，彭雪枫就和王志远来到了商震的都统府外，刚要进门就被两个警卫给拦了下来。彭雪枫不卑不亢地说道："我们是育德学校的学生，是来求见商将军的，麻烦给通报一声。"两个警卫见彭雪枫虽然人小，但态度坚决，怕惹出什么麻烦，只好向里面通报了。不一会儿，里面就传出话来，让他们进去了。彭雪枫见没有遭到拒绝，心中顿时增添了几分自信。商震将彭雪枫等人带进内堂说话，问道："你们来我府上找我有什么事情呢？"彭雪枫马上把育德学校的状况向商震讲了，并希望能得到商震的帮助。商震听完说道："西北军已经撤走了，我能

留你们在绥远已经是仁至义尽了，你们不要得寸进尺啊。退一步说，如果我帮了你们，那我也不好向我的上面交代啊。"彭雪枫听出商震还有所犹豫，马上说道："商将军您虽然是晋军的大将，但您和冯将军素有旧谊，如果您现在不管他手下的这些孩子，那您以后又该怎么和冯将军交代呢。"商震心中一惊，没想到一个半大的孩子能说出这样的话来。彭雪枫又接着说："素问商将军历来爱民如子，此次晋军和西北军两军交战，也绝非将军本意。如果将军能在此时给我们施以援手，那么必定会在绥远城中树立威信，如果真放任我们不管，让我们听之任之，恐怕也会有损您的威名啊，请您三思啊。"商震听后陷入了沉思。一旁的王志远也不失时机地说道："商将军，恳请您帮帮我们育德学校的学生吧，我们一定会把这份恩情永记在心中的。而且如果您在此时对我们伸出援手，我相信西北军一定会记住这份恩情的，绥远的老百姓也一定会对将军感恩戴德的啊。"商震看着眼前的两个孩子，觉得他们说的话很有道理，笑着说道："没想到你们小小年纪，竟有如此的见识和口才，真是让我商某人佩服啊，好，我就帮你们这一次。"说完就吩咐门口的警卫员道："去多准备点吃的、用的以及学习用品，我们去看看育德学校的学生们。"此时的彭雪枫激动地已经不知道说什么好了。

最后，在彭雪枫和王志远等同学的共同努力下，商震还答应专门调遣一辆火车送育德学校的学生们回北平，并且派人沿途保护他们的安全。可能彭雪枫自己也没想到，这次返回北平，也就此开启了他的人生的另一个转折点。

7. 两次转学

1926年9月6日，是彭雪枫由团入党的日子。由团入党后，彭雪枫更加有计划地接受着马列主义思想的教育，全心全意地投入到了实际工作的锻炼中。

入党后，彭雪枫首先是领导了育德学校流亡绥远的学生返回北京的斗争。回到北京后不久，育德学校就因为无人管理解散了。彭雪枫和同学们都需要找到一个新的学校才能继续上学。转学对于富人家的孩子来说是一件太容易不过的事情了，但对于彭雪枫他们这群穷孩子来说比登天还难。正在大伙都发愁的时候，彭雪枫偶然得知育德学校原教务长周祝三现在在汇文中学当教务长，于是几个人商议以后决定前去拜访周老师。当天晚上，他们就来到周老师家里，周老师对于彭雪枫等人并不陌生，而且因为当年彭雪枫在育德学校的事迹，周老师还对他印象特别好。周老师和蔼地问道："你们不是随军去绥远了吗，什么时候回来的啊？"王志远回答道："周老师，我们是去绥远了，但后来绥远被晋军占领了，无奈我们只能回来了。"周老师很是吃惊地说："你们这些孩子不简单啊，竟然能在战乱中平安返回啊。"王志远指指一旁的彭雪枫说："都是修道的功劳，是他说服了商震将军派人护送我们回来的。"周老师听后心中更是佩服彭雪枫了。此时彭雪枫说道："周老师，我们虽然回来了，但育德学校解散了，我们现在没有地方读书了。希望您能帮忙，让我们在汇文中学读书。"周老师想了想说道："这个没问题，我会帮你们安排的。"就这样彭雪枫和王志远等人，在周老师的帮助下顺利进入汇文中学继续读书。进入汇文中学读书后，彭雪枫就积极从事党的秘密活动并开展日常革命活动，很快就被地下党组织选为汇文中学党支部书记，主要负责东城区学生运动的领导工作。

1926 年冬的一天，彭雪枫带领汇文中学的革命学生外出散发革命传单，但还没走到城中央就被警察给拦住了，不但没收了他们的传单，还把他们把贴好的传单都撕掉了。下午回到学校，彭雪枫就召集大伙开会商议办法。大家都觉得警察人多势众而且有枪，不能硬碰硬，这样肯定会吃亏。彭雪枫想了想说道："那我们就智取吧。让他们抓不到我们，拿我们没办法。"大伙赶紧问道："什么办法啊？"彭雪枫笑而不语。第二天，彭雪枫就带大伙早早走上了街，他先让两个同学各骑一辆自行车，当骑到崇文门离警察不远的地方，就故意撞在一起，然后大吵大闹，等到警察来查看的时候，彭雪枫就赶紧带领其他同学把"打倒帝国主义""打倒北洋军阀政府"的大标语贴到了崇文门的城门上。就这样，一天下来北平城到处都贴上了革命标语。这彻底激怒了北平反动警察，他们对汇文中学的侦察日益加紧。彭雪枫等人的活动受到了严格监视，他们的人身安全也受到严重威胁。在不得已的情况下，1927 年初，彭雪枫、郭武林等人秘密转入今是中学继续求学。在今是中学，彭雪枫除了继续领导学生革命运动外，还经常组织进步同学深入到学校附近的工厂工人、黄包车夫、淘粪工人中宣传革命。

两次转学，为彭雪枫从事党的秘密工作提供了客观的保护，使他开展日常革命活动有了较为优越的条件。带领革命同

抗日英雄
彭雪枫

学与敌人进行面对面的斗争，也磨炼了彭雪枫的革命意志，为他日后走上战场积累了宝贵的经验。

8. 为革命改名字

彭雪枫出生时，他的爷爷彭汝澜为他取乳名为隆兴，学名为修道。雪枫是他后来参加革命后为自己改的名字。那么彭雪枫为什么要改名为雪枫呢？这与我国唐代著名诗人杜牧写的《山行》一诗密切相关。

彭雪枫在汇文中学读书时，有一天，他的叔伯弟弟彭修敏到北京来看望他，于是彭雪枫带着弟弟来到南苑团河游览。因为当时是秋天，团河两岸的枫叶都通红似火，漫山遍野都是。彭修敏指着红彤彤的枫叶感叹道："修道哥，你快看，这枫叶真是美极了啊。"彭雪枫看着美丽的枫叶问彭修敏说："除了美丽，你难道就没有别的感受吗？"彭修敏一下子就被问住了，不好意思地笑了。彭雪枫拍着弟弟肩膀感慨地说道："你看着枫叶不但美丽，而且也很令人佩服。因为他不惧怕秋霜，也不恐惧冬雪，在寒冷的包围下，却能越来越红，越来越美丽。"彭修敏点点头，彭雪枫继续说道："这让我想起了唐代大诗人杜牧写的一首诗《山行》："远上寒山石径斜，白云生处有人家。停车坐爱枫林晚，霜叶红于二月花。"彭修敏说道："确实，这枫叶不但美丽，它坚毅的品质也值得我们每个人学习。"

彭雪枫沉思了一会儿对彭修敏说道："修敏，我今天带你来看枫叶，并不只是简单地为了欣赏。我们的国家现在正处在危难之际，老百姓也处在水深火热中，但许多中国人却不为所动，在金钱的诱惑下，不是帮助北洋军阀助纣为虐，就是成了帝国主义的走狗。"彭修敏看着彭雪枫坚毅的表情，听得更入神了。

彭雪枫继续说道："修敏，我们决不能做这样的事情，我们应该像枫叶一样，无论外界的环境如何恶劣，但要使中国保持自己的本质不变。只有我们青年一代奋发图强，立志报效祖国，我们的国家才有复兴的希望啊。不行，我要改名字，我要用实际行动来表达我的决心。"彭修敏吃惊地问道："你要改名字？改成什么呢？"彭雪枫看着眼前的红枫叶说道："以后就叫我雪枫吧。"彭修敏问道："为什么要取这个名字呢？"彭雪枫说："我想诗人杜牧一定是想通过深秋的一片红色，热情讴歌霜后的红枫有着春天一样的生命力。在我看来，枫在霜的洗礼下练就了火红的浓艳，雪中的枫叶更是那么的耀眼亮丽。红枫在我的心中象征着刚毅的性格、顽强的生命力、永恒的情感。而这些品质都是革命工作所需要的，所以我要改名为雪枫。"彭修敏连连称赞雪枫这个名字取得好。送走彭修敏之后，彭雪枫又继续投入到了革命的大潮中了，并于 1928 年考入了开封训政学院政治专修班，但不久因敌人大肆捕杀革命志士，彭雪枫被迫离开训政学院，经扶沟县秘密返回了家中。彭雪枫返家令全家都很高兴，族叔彭禹廷更是找到彭雪枫说："修道，你能回来太好了。咱们村就缺你这样的人才啊。你留下了和我一起搞乡村自治吧。"彭雪枫回答说："叔叔，谢谢您的好意。但我志不在此，我一早就对自己说过我彭雪枫这辈子'宁管千军，不管一社。'我一定要为国做出一番事业。"彭禹廷听后佩服地对他说道："不愧是我们彭家的子孙啊，叔叔支持你，家里的事情就都交给我吧。"

之后，彭雪枫就再次离家回到北平继续革命工作，离家前彭雪枫对家人说："要等到天地翻身，河水倒流才回家。"同年 10 月，彭雪枫又前往天津开展党的地下工作，正式采用新名字"彭雪枫"。自此，到牺牲为止，彭雪枫都没有再回过家乡，为党的革命事业一直奋斗到生命的最后一刻。

三、转战苏区　指挥战斗

1. 夺下金井镇

1930年，中央军委决定派彭雪枫前往鄂东南红军第五军第五纵队工作。彭雪枫的加入受到了第五军司令彭德怀的热烈欢迎，很快彭雪枫就融入到了队伍中，指挥战斗。平江会议确定攻打长沙的作战计划以后，彭雪枫就开始积极动员部队，加紧训练作战技术，同时派侦察兵多次侦察敌情，参与拟定作战计划。就在部队全力备战的时候，不想敌人却率先发动了进攻。

当时长沙城的守将是何键，他听说彭德怀将要率领部队攻打长沙，心里顿时紧张万分。为了保住长沙城，他从各地调集了大量兵力，妄图将彭德怀的部队消灭在长沙城外，遂率领七个团的兵力向平江猛扑过来。何健将兵力分为三个梯队，一梯队进入了瓮江镇，二梯队进到了金井，三梯队进到了金华山。

"面对敌人的突然进攻，彭德怀镇定自若，他马上召集彭雪枫、何时达等人召开作战会议，商议战略部署。彭德怀指着地图说道："现在敌人进攻时呈长蛇状的，我们不能硬拼，俗话说得好'打蛇打七寸'，我们必须把这条长蛇斩断，歼灭了一梯队，我们就胜利了。"彭雪枫等人说道："司令，您就下命令吧。"彭德怀当机立断道："好，我命令彭雪枫、何时达带领红八军一纵队,今天拂晓进入离瓮江五里处的晋坑设伏,晋坑多是山地沟壑,地形复杂,非常有利于埋伏,而且你们的背面就是江镇,水流湍急,敌人不可能从这里包抄你们,免去了你们的后顾之忧。你们的主要任务就是等到合适的时机一举歼灭一梯队。"

很快战役就打响了,一纵队在彭雪枫等人的领导下,与敌人展开了激烈的战斗。而另一方面,彭德怀率领红五军迂回到敌人的侧面,斩断了其退路,使敌人腹背受敌。战斗持续了整整一天,临近傍晚,我军已经歼敌一个团,活捉了团长,敌军残余部队开始向金井方向撤退。彭雪枫奉命率领一纵队继续追击敌人,一路上他们所向披靡,对敌军穷追不舍,很快就进入到了金井,与敌人的二梯队相遇了。此时侦察兵回报,敌军首领何键也亲自出马了,这让彭雪枫很是兴奋,他对将士们说道:"他们的主帅都出场了,看来是背水一战了,我们大伙也不能泄气啊,一定要活捉了何健啊。"于是战士们各个争先恐后与敌搏战,不料何时达却英勇牺牲了。彭雪枫看着战友的遗体难过极了,这是他第一次在战场上感受到了失去战友的痛苦,但他知道此时他还不能悲伤,他唯有努力战斗,才能对得起牺牲的何时达。于是彭雪枫顾不上擦干眼泪,就又投入到了战斗中。彭雪枫在红五军的配合下,以猛打猛冲的战术多次进攻敌人,不到半小时就将守敌击溃并活捉了他们的团长。攻破了敌人的金井防线以后,红军继续追敌,不久又成功地歼灭敌军第三梯队一部。

之后军团司令部进驻永安市，军团召开了紧急作战会议。会上彭德怀分析说："从目前的战况分析看，长沙城内应该只有一个王牌旅了，其余的部队因受到我们的打击都士气不振了。至于那些杂牌旅都是些乌合之众，不足为患了，所以我觉得眼下正是攻打长沙的大好时机。"各军军长听后都表示赞同，于是会议决定以红八军为总预备队，准备随时攻打长沙城，一场大战开战在即。

2. 首战长沙城

在确定攻打长沙城以后，彭雪枫就被任命为红八军第六师政治委员。彭雪枫根据军团夺取长沙的命令，在全军范围内认真作了"活捉何键，为死难烈士报仇""为何纵队长报仇"的战地动员，全体将士士气大振。

7月27日上午，总攻长沙的战斗终于打响了。彭雪枫率领第六师，直捣长沙外围阵地七里巷、乌梅岭，逼近长沙城下。此时彭德怀率领红八军也火速赶到，长沙城外的敌人被打得抱头鼠窜。正当红军全军备受鼓舞的时候，新的问题却出现了。由于长沙城高墙厚，强攻、爆破等手段都不能顺利突破。就在大伙犯愁的时候，彭雪枫挺身而出说道："现在没有别的办法了，唯一的办法就是冒着敌人的炮火，搭云梯登城了。"一旁的人纷纷说道："这么做太危险了啊。"彭雪枫果断地说："管不了那么多了，再不攻城，等援军到了，我们就功亏一篑了。"随后彭德怀司令经过周密的分析，决定将攻占长沙的任务交给红六师。由红六师三百多人组成的敢死队，在彭雪枫的带领下，快速地在长沙城墙上挂上了一架又一架的云梯。敌人的子弹"嗖嗖"地从他头顶飞过，战士们都劝说彭雪枫道："彭政委，你到后面去，让我冲在前面保护你。"彭雪枫说："不要管我，你们在后面火力掩护我，同志们冲啊。"冒着敌人猛烈的炮火，彭雪枫等人率先登城，之后大家不断甩出手榴弹，炸得城楼上的敌人鬼哭狼嚎。之后彭雪枫率部冲入长沙城，经过

和城内敌人的一番激战，很快就占领了湖南省政府。彭雪枫将鲜艳的旗帜插在了反动政府门口，大伙欢呼雀跃。在短暂停留之后，彭雪枫就带人去长沙监狱解救出了被关押的革命志士和爱国人士，之后又迅速向城西的敌人发起进攻。可惜到战斗结束，也没看见军阀头目何键，原来在彭雪枫还未进入长沙城之前，何键在城楼上看到红军大批涌来，就知道大势已去。他一边吩咐守城军人要死守长沙城，一边赶紧返回家中，收拾好值钱的东西，带着一家老小，惊慌失措地夹在败军中狼狈逃走了。彭雪枫带着所部一路追到湘江东岸，但无奈敌人的军舰已经启动了，彭雪枫他们只能眼睁睁地看着何键逃跑了。大伙气得咬牙跺脚……28日凌晨，红军胜利占领了长沙城。红军攻占长沙城以后，全城的老百姓都上街庆祝，可谓盛况空前。彭雪枫与长沙广大工农群众一样兴高采烈，沉浸在胜利的欢歌笑语之中。攻克长沙是红军第一次占领省会城市，由于缺乏管理大城市的经验，社会秩序一度混乱。彭雪枫临危受命，率领一个团负责维持治安。他先是明确制定了各项规定，之后严惩肇事者，并在大街小巷张贴告示。还先后带领战士们深入老百姓家中，教育宣传革命思想，很快就控制住了混乱的局面。

从25日到27日，从晋坑、金井到长沙，红三军团连打了多场胜仗，共俘虏了国民党湘军四千多人，缴获长短枪三千余支，还有多架机关枪和迫击炮。红三军团因此名声大振，彭雪

抗日英雄
彭雪枫

枫的名字也开始给许多红军留下了深刻的印象。

3. 初见毛委员

彭雪枫首战长沙就表现出了过人的胆识和高超的指挥才能，受到了很多人的称赞和佩服。但彭雪枫一直的心愿并不是打胜仗得功名，自他加入红军以后，他最想见一见毛政委。他多次听人讲起毛泽东领导秋收起义的英雄故事，也读过毛泽东写的多篇革命文章，感觉受益匪浅，内心十分渴望见到毛泽东同志并聆听他的教诲。

这一天，彭雪枫正在屋里看书，突然听到外面一阵沸腾的声音，大家又是鼓掌又是欢呼的。他赶紧走出来看个究竟，只见彭德怀司令站在院子中央，周围被大伙给围了个水泄不通。彭雪枫快步走上前去，问一个战士说："今天这是怎么了，大伙这是干什么呢啊？"小战士高兴地说道："彭委员，你还不知道吗，刚才彭司令说过几天毛政委要来参加咱们的会议了。"彭雪枫听后异常兴奋，心中的喜悦之情难以抑制。在盼望了若干天以后，红三军团团干以上会议终于召开了。在大家热烈的掌声中，毛委员迈着矫健的步伐走上了讲话台。彭雪枫看着眼前这个身穿蓝布红军服、头戴八角红军帽、腰扎武装带的"高个子"，觉得莫名地亲切。毛委员挥手向大伙致意，掌声瞬间淹没了一切。随后，毛委员开始做会议讲话："红三团的同志们，你们好。在过去的一段时间里，你们英勇作战，多次歼灭敌军，令敌人闻风丧胆，你们辛苦了。但我们决不能被胜利冲昏了头脑，我们要看到中国的革命道路还很长，我们面对的敌人是异常强大和狡猾的。"说到这里，台下顿时纷纷讨论，觉得毛委员说的话很有道理。毛委员继续说道："请大家静一静，我有个问题想要问问大家。现在敌人正试图深入我们的中央苏区，我们难道要和敌人硬碰硬吗？"台下的人纷纷说："我们不怕死，敌人敢来，我们觉得不手软。"毛委员听后说道："大家的精神可嘉，但是我们不能蛮干，战争也是讲究策略的。尤其是当下，我们的人少，武器落后，更不能与敌人硬来了。我们要集中优势兵力，各个歼灭敌人。敌人来我躲，敌人走我打，出其不意，让他们摸不清我们的作战套路。"毛泽东顿了顿，继续说道："我送大家一副对联吧——敌进我退，敌驻我扰，敌疲我打，游击战里操胜算；大步进退，诱敌深入，集中兵力，各个击破，运动战中歼敌人。"毛泽东的一番话，令台下的将士们很受鼓舞，大家再次鼓掌，经久不息。此刻的彭雪枫更是激动万分："毛委员的话真是句句都充满哲理啊。他不但为我们以后的革命斗争指明了方向，更加鼓舞了我们的士气啊。真是听君一席话，胜读十年书啊。"会议结束后，彭德怀向毛泽东一一介绍了在场的干部，毛泽东亲切地与干部们一一握手。

抗日英雄
彭雪枫

当毛泽东走到彭雪枫面前时说道："你好啊，小彭同志。早就听说你的大名了，今天我们终于见面了啊。"彭雪枫一愣，心想："自己刚参加红军没多久，毛政委怎么知道自己呢？"毛泽东看着彭雪枫疑惑的表情说："你首登长沙城的光辉事迹我早就听说了，红军队伍中有你这样的人才，还愁打不倒敌人吗？"彭雪枫不好意思地说："毛政委过奖了，为国家和人民奋斗是我的光荣啊。"这次与毛泽东的初次见面，令彭雪枫印象深刻。

　　会议一结束他就迫不及待地向红六师驻地跑去，他要和大家分享今天的喜悦，更要向大家传达毛委员的指示。一路上他满心欢喜，同时也下定决心："以后就一心一意跟着毛泽东干革命了，为了革命的胜利，赴汤蹈火，在所不辞。"

4. 教育何连长

　　彭雪枫虽然加入了红军，参加了指挥作战，但他并没有放弃学习。闲下来的时候，他就认真地读书看报，给自己充电。并且在彭德怀司令的支持下，筹办了《猛攻报》，主要是刊登一些军团的最新任务和模范任务的事迹，以此来鼓舞战士们的士气。

　　一天，彭雪枫见几个战士围在一起读报，其中一个战士正在给大家一字一句地读，旁边的战士听得很是入神，直到彭雪

抗日英雄
小故事

枫走到身边，他们才站起来说道："彭政委，刚才读报太认真了，没看到您来，是又有什么任务了吗？"彭雪枫和蔼地说道："坐、坐，没有什么新任务。我也是过来看你们读报的。你们这种爱学习的精神很好啊！但是你们为什么要让小张同志给你们念呢，难道你们都不识字吗？"几个战士说道："是啊，我们不认识字，我们都是农民家的孩子，从小家里就穷，别说去上学识字了，平时饭都吃不饱。"彭雪枫感慨地说道："是啊，我们老百姓的日子太苦了。"另一个战士又说道："彭政委，你说我们现在开始学习识字还来得及吗？"彭雪枫说："当然来得及啊，水滴石穿，你们每天坚持学习三五个字，一年下来

抗日英雄
彭雪枫

就能自己阅读报纸了。"大伙听了以后高兴极了。第二天，彭雪枫就在师团范围内开设了一个识字班，每天晚上晚饭后教战士们读书识字，渐渐地，战士们也和彭雪枫建立起了很深厚的感情，大家都按时去学习。但一连几天，彭雪枫发现一连的小赵几天都没有来学习了，彭雪枫很是纳闷，找到他的战友一问才知道，原来小赵挨了一连连长的打骂了，这几天正在闹情绪呢。彭雪枫一听很是生气，马上叫来了何连长。何连长自知自己理亏，从进屋开始就没敢抬头看彭雪枫。彭雪枫让何连长坐下问道："何连长，你参加咱们红军多久了？"何连长说："快一年了。"彭雪枫又问道："那你觉得咱们红军怎么样呢？"何连长回答说："咱们红军爱民，讲纪律。以前我在军阀部队的时候，他们就知道欺负老百姓。"彭雪枫听他这么一说就问道："那你现在是红军了，是不是也要爱民呢？"何连长小声地说："自从我加入了红军，我就再也没有欺负过老百姓啊。"彭雪枫严肃地说道："我们的战士以前也都是老百姓，你不能因为他们现在参加红军了，到你手下当兵了，你就欺负打骂他们啊。"何连长辩解道："我是一时气愤了，再说了不打骂他们，他们怎么能好好打仗呢。"彭雪枫说："我们这里是红军，不是军阀部队，我们讲求人人平等，我们的战士同样也应该受到尊敬，只有你对他们好了，他们才会一心一意地跟你干革命。"何连长不好意思地说道："彭政委，我错了。你处罚我吧，我以后一定会改掉我的坏毛病的。"彭雪枫满意地点点头说："知错能改就是我们的好同志，希望你回去好好工作，带领一连多打几个漂亮仗。"

何连长回去以后，果然从此以后改了旧作风。后来还和战士们亲如兄弟，成了战士们的贴心人。彭雪枫还先后收到多封表扬何连长的信件，令他很是欣慰。自此以后，军团上下还掀起了一股像何连长学习的浪潮，整个红六师的战士们真是亲如一家人。

5. 乐安事变

1931 年 9 月，彭雪枫任政委的红六师改编为红二师，彭雪枫仍担任政委一职。彭雪枫秉承一贯的作风，平时除了指挥作战，就是学习。但他从来没有忘记军中的兄弟们，时刻将战士们的冷暖记挂在心头。

1932 年，敌军又对红军开始了一轮大规模的"围剿"，红二师的师长郭炳生忧心忡忡地对彭雪枫说道："我看这次敌人是报了彻底消灭我们的心啊，你看不但人数众多，而且来势凶猛啊。我真为我们的红二师担心啊，不知道我们的红军还能支撑多久啊。"彭雪枫听他这么说心中很是不悦地说："郭师长，你这么想就太不应该了。我们红军是打不倒、打不垮的，我们不和敌人比人数，我们拼的是智慧和毅力啊。相信只要我们按照党中央的正确指示，一定能够取得最后的胜利。"郭炳生听后不屑一顾地说："打仗是要真本事的，不是你这样天天喊喊口号，说几句大话就能解决的。"彭雪枫知道郭师长最近作战压力大，继续安慰道："郭师长，我们是师里的主要领导，这个时候我们一定要打起精神来，这样才能带领全师的战士们，鼓足干劲，勇往直前。"郭炳生不耐烦地说道："我看啊，还不如把部队拉回湖南去打游击战呢。"彭雪枫本想继续劝说郭炳生，但他知道郭炳生是出了名的牛脾气，也就没再多说了。晚上回去后彭雪枫久久不能入睡，他为郭炳生担心，思来想去，决定还是要将郭炳生的事情报告给上级。第二天一大早他就找到彭德怀等领导，说明了情况。郭炳生的错误思想动向受到了军团的严厉批评，彭雪枫又多次找他谈心，克服了他的消极思想。本以为一切都风平浪静了，但是意想不到的事情还是发生了。9月上旬的一天，敌军突然对红二师发动了进攻，几个团都失去了联系。彭雪枫带领红七团和师直属队向南突围，部队在抵达江西军区驻地以后，彭雪枫考虑到这里比较安全，就派侦察兵外出寻找红五团和红六团。结果侦察员回报说："彭政委，郭炳生已经带着红五团和师直属特务连向北去了，他还散布说咱们红二师也已经被敌人消灭了。"彭雪枫听后心想："不好，往北去就是敌占区了，郭炳生这是要投敌啊。"彭雪枫马上找到了驻地的领导陈毅说明了情况，陈毅很是气愤地对彭雪枫说道："这个郭炳生胆子也太大了，竟然敢去投敌。彭政委，我估计红五团的同志们还不知道他的险恶用心呢，要尽早找到队伍才好啊。"彭雪枫说道："放心吧首长，我这就带人去找五团，决不能让他们白白去送了性命。"于是彭雪枫带领十几个警卫员连夜出发了，他们风餐露宿，马不停蹄，终于在五天后找到了红五团。战士们看到彭雪枫先是一惊，然后高兴地喊起来："同志们快出来啊，彭政委来了，彭政委没有牺牲啊。"彭雪枫上前握着大家的手说："我可算找到你们了。"一个小战士问道："彭政委，郭师长说你牺牲了，牺牲前命令我们往北撤离。"彭雪枫说："我这不是活得好好的吗，咱们不往北撤离了，咱们要回去和大部队会合。"战士们都坚决地表示要回去。一旁的郭炳生起初很是慌乱，但看彭雪枫并无追究之意，便假装镇静自若了。晚上彭雪枫的警卫员对彭雪枫说："政委，我看郭炳生就是没安什么好心啊。你还是早点带我们回去吧。"彭雪枫坚定地说道："放心吧，我不会让一个战士留在这里的。"第二天一早，彭雪枫令部队原地休息，他召集干部们开了会，会上宣布黄昏后部队出发南返。战士们都兴高采烈地欢呼起来。当晚，彭雪枫按原定计划带部队出发了，而郭炳生见阴谋不能得逞，就带着几个心腹悄悄地溜了，并在几天后投靠了敌军。但这个叛徒也并未得一个好的结局，1933 年，郭炳生在率部进攻红军战败后，被红军当场击毙。

这次事件后来就被称作"乐安事变"。1934年，在第二次全国苏维埃代表大会上，彭雪枫因平定"乐安事变"有功，被授予"红星奖章"一枚，并再次得到毛泽东的称赞，彭雪枫从此也成了他的爱将。

6. 八角亭负伤

1933年，红军党内的军事指挥权被李德所掌握，因李德长期受到苏联共产主义的影响，对中国国内实际情况不了解，所以制定了一系列的错误方针。他主张"御敌于国门之外"，命令红军多次进攻敌人要塞，给红军造成了很大损失。

李德在又一次指挥失误后，恼羞成怒，命令红七团袭击浒湾，不料在浒湾、八角亭一带遭受国民党军队的重兵夹击，情况十分危急。彭雪枫和张锡龙奉命前往支援。当时已经十一月了，虽然此处南方，但夜晚的温度还是很低，彭雪枫带领红军战士们在山间穿梭，他鼓励大家说道："同志们，让我们唱首战歌吧。"大伙纷纷同意。嘹亮的歌声瞬间响起，回荡在天地间。战士们的尽头特别足，他们在彭雪枫的带动下，唱着军歌，大步前进，没有一点困意。在天渐渐亮了的时候，彭雪枫等人终于赶到了浒湾、八角亭一带，与敌军第四师正面相遇了。一场激烈的战斗就此打响了，敌人多次向红军发动猛烈进攻都被打了回去，无奈只能退入八角亭堡垒内拼命顽抗。战斗持续了整整一天，彭雪枫随战士们多次进攻，但敌军也借助优势火力顽固坚守。彭雪枫果断下令说："天黑了，不能这么僵持下去了，命令我军暂时撤退，回驻地修整，等制订好新的作战计划后再继续作战，争取一举拿下八角亭。"正在此时军团也来电要求彭雪枫他们必须在次日拂晓结束战斗。接到命令大伙都很兴奋，就等着彭雪枫下令了。彭雪枫看着地图对张锡龙说："你看，现在敌人就在八角亭的堡垒里，我看明天我们不如来个瓮中捉鳖。"张锡龙听后哈哈大笑说："好，就打他个措手不及，

抗日英雄
彭雪枫

把他们连窝端了。"凌晨，彭雪枫率部再次向八角亭发起了进攻。张锡龙按照事先约定好的，带领主力部队迂回到了敌人的侧翼进行包抄。正面战场只剩下彭雪枫带领少量兵力来吸引敌军注意力。然而狡猾的敌人很快就发现了指挥所所在位置兵力很少，于是便派了大批兵力前来突袭。就在这万分危急的关头，彭雪枫对身边的文员和几个战士说道："敌人已经发现我们了，虽然我们人数少，但我们决不能退缩，一定要坚持到张锡龙他们成功抢占八角楼。"随后彭雪枫就带领大家与敌人展开了激烈的战斗。正在这时，军团的通信兵也赶到了，加入到了这场战斗中。彭雪枫等人个个英勇善战，不怕死，打得敌军只有往回跑的份儿，可是没等他们跑回老窝，张锡龙也带主力跟了上来。在红军的两面夹攻下，战斗越打越激烈。彭雪枫第一个冲在了前面，他一枪一个敌人，枪枪不落空。正当彭雪枫大踏步向前的时候，一颗手榴弹在他的身边炸响了，他顿时感觉到一阵钻心的疼痛，低头一看自己的大腿血流如注。一旁的张锡龙马上扶住他说："彭政委，你赶紧到后面去，我来顶上。"彭雪枫却咬紧牙关说："不用，我还能坚持，我还能战斗。"但在大伙的强烈要求下，彭雪枫被抬下火线，卫生员给他进行了简单的包扎。彭雪枫对身边保护他的战士们说道："不要管我，往前冲啊，胜利就在眼前了。"敌军终于被打退了，八角亭周围响起了红军胜利的号角声。躺在担架上的彭雪枫虽然伤口疼

抗日英雄
小故事

痛，但他内心无比喜悦。

　　彭雪枫后来因为伤势较重，被送到了后方医院接受治疗。伤好后就奉命前往瑞金大学学习军事理论和指挥战术，为日后长征路上的战斗指挥积累了大量理论知识。

抗日英雄

彭雪枫

四、参加长征　磨炼意志

1. 激战二郎滩

1934 年，中国共产党的第五次反"围剿"战斗失败了，为了保存红军的有生力量，党中央决定北上，开始了艰苦卓绝的二万五千里长征。

第二年，中共中央在长征路上召开了遵义会议，确立了毛泽东在党和红军中的领导地位。遵义会议后彭雪枫被调任红三军团红五师师长。随后，彭雪枫就率领红三军团跟随红军向赤水一带进发。沿途与川军正面交火，川军调集了九个团的兵力对红军大肆进攻。为避免更多的伤亡，中央军委决定西渡赤水河转移。一个月以后中央军委决定二渡赤水后，回师遵义。此时的红五师已经编为红十三团，彭雪枫任团长。彭雪枫按照上级的命令，率领部队率先赶到了赤水河附近的二郎滩。二郎滩河水湍急，两岸耸立的都是悬崖峭壁。彭雪枫带大部队赶到时，也正值河水高峰期，面临的形势十分复杂。但困难并不能压倒彭雪枫，经过对地形的严密勘察，彭雪枫下令道："侦察连先去对岸侦察敌情，一营打头阵乘小船强渡到对岸去牵制敌人，工兵营在一营的掩护下，以最快的速度搭建浮桥，确保大部队顺利通过。这次任务艰巨，但我们一定要以最快的速度完成，否则被敌人发现再难有渡河的机会了。大家分头行动吧。"说罢战士们就投入到了战斗中去了。很快一营就出发了，他们刚走出没多久，对岸的敌人就发现了他们。一时间无数黑洞洞的枪口对准他们一起开火，红十三团战士们也进行了猛烈的回击。战士们迎着枪林弹雨，一边打一边拼命地划桨，恨不得马上就跳到对岸去。彭雪枫看情况危急，就对一营的战士们高喊道："同志们，要镇静，越是这个时候越要稳住，不要恋战，尽快到对岸去占领对方营地。"在又一阵猛烈的进攻后，一营顺利登上了岸，紧接着二营也突围上岸，两个营的兵力击溃了岸上的守军，占领了滩头阵地。彭雪枫率领大部队胜利登岸，敌军个个吓得抱头鼠窜。但战斗还没有就此结束，敌军副师长魏金荣带一个团队从回龙赶来二郎滩堵截，在赤水河东岸的大山岭上，构筑了工事防守，妄图凭借高山临水的有利地形来阻挡红军过河。彭雪枫多次组织强攻都没能成功，敌人很是开心，以为真的可以高枕无忧了，便开始在营地里娱乐起来。魏金荣命人打了一些野味回来，在驻地和几个军官又是吃肉又是喝酒，好不快活。他掰下一个鸡大腿一边啃一边吹嘘道："兄弟们，尽管吃肉喝酒，不要管对岸的那些'共匪'，我就不信他们能过了赤水，除非他们是长了翅膀。"一个军官附和道："魏师长说得是，他'共匪'就是再有本事，也不可能过得了我们的工事啊。"几个人酒足饭饱后，就回屋蒙头睡大觉了。魏金荣睡得正酣，突然被一阵急促的敲门声给吵醒了，他十分生气地开门质问道：

"干什么、干什么，不知道老子在睡觉啊。"小喽啰害怕地说道："魏、魏、魏师长，不好了，'共匪'已经把我们包围了。"魏金荣不信，给了小喽啰一脚说："胡说什么，他们难道成仙飞过来的不成吗？"还没等小喽啰回话，密集的枪声就响起来了。原来彭雪枫趁敌人懈怠之际，命令部队在夜晚继续向前推进，一部夺占了李家岗，一部从大牛窝迂回敌后，给敌军来了个包饺子，关门打狗。此时的魏金荣吓得直颤抖，赶紧命令部队撤退，自己连衣服都没穿好，就骑着马慌慌张张地逃跑了。他的部队随机乱作一团，纷纷夺命逃跑了。彭雪枫命人在后面高喊："缴枪不杀，缴枪不杀。"但早就被吓破了胆的敌军们哪里还能听得进去，很多都慌不择路，掉下悬崖摔死了。

二郎滩的胜利，为红军继续长征开辟了道路。彭雪枫在离开二郎滩之前，打开了以前被地方军阀控制的盐仓，将所有的盐都分给了老百姓，受到了当地人民的热烈欢迎，红军在群众中的威信进一步扩大了。

2. 强攻娄山关

二郎滩战斗胜利后，彭雪枫率部乘胜追击。在回龙场休息的时候，红三军团召开了干部大会，进行战斗动员，会上，毛泽东亲自做了动员报告，军团政治部发出号召，将消灭敌军首领周浑元、吴奇伟作为红军下一步的新任务。

随后彭雪枫就接到了毛泽东的电话命令："彭团长，我命令十三团务必在今日（2月25日）天黑前攻下娄山关。"彭雪枫回复道："请毛委员放心，我们一定完成任务。"得令后，彭雪枫就率领十三团充当前卫，向娄山关进发了。路上，忽然看见一队国民党军队大摇大摆地从关上下来。彭雪枫马上命令战士在路边两旁埋伏，等到敌人走近对他们发动了突然袭击，敌军被打了个措手不及，死伤无数，彭雪枫率部一鼓作气冲到了娄山关。在娄山关下，彭雪枫环顾周围的地形，娄山关的右

边是悬崖，左边是大山，中间是高耸的峭壁，而唯一的一条马路又被敌人给封锁了。彭雪枫马上命人取来地图，随后下令说："部队从侧面爬山过去，先攻击娄山关的制高点——点金山。"冲锋的号角响起了，战士们喊声如雷，向敌人的阵地扑了过去，一阵激战后，红军夺得了点金山。登上点金山，敌人的防御工事被看得一清二楚了。娄山关也近在咫尺了，敌人的机枪连续地向着我军射击，还在做最后的挣扎。虽然彭雪枫和战士们又累又饿，但这丝毫没有减少他们的斗志，稍作休整后，向敌人发起了猛烈的进攻。彭雪枫冲在了最前面，一阵激烈的战斗后，敌人退了回去。但过一会儿又重新反扑了上来，就这样来来回回，敌我双方僵持不下。彭雪枫着急了，要来了望远镜一看，原来敌军的一个军官正在督军，他拿着马鞭子，见有人后退就上前鞭打，气急了还会用刀砍，士兵们只好硬着头皮回来继续作战。彭雪枫马上命令高喊道："白军的兄弟们，你们这么拼命是为什么呢，你看你们的长官根本就是把你的命当儿戏啊。"一些白军的士兵听后纷纷表示气愤，放慢了进攻的速度。彭雪枫见机迅速集合了几个狙击手，命令瞄准那个督军的军官，一声令下："打"，白军军官应声倒地。敌军看再没有人督战了，纷纷放下了武器，投降的投降，逃跑的逃跑，娄山关终于被攻破了。不想，第二天拂晓，敌军又以6个团的兵力向娄山关连续发起攻击，敌人像疯狗一样，采取了集团冲锋，火力更加猛烈，看这阵势，敌人必定是要坚持到最后一兵一卒了。彭雪枫马上下令道："通知所有战士，尽量节约子弹，与敌人打迂回战，拖延时间，等到大部队来支援。"很快，红军主力就在敌人的后方发动了猛烈进攻，前后夹击下，进攻娄山关的敌军终于败退了。娄山关战役胜利后，彭雪枫率领红十三团迅速向遵义城发起了进攻，与红十二团联合歼灭了遵义守敌，顺利占领了遵义城。2月28日，毛泽东来到娄山关，站在巍峨的娄山关顶，不由感慨万千，随机诗兴勃然，挥笔写下了传世名作《忆秦娥·娄山关》："西风烈，长空雁叫霜晨月。霜晨月，马蹄声碎，喇叭声咽。雄关漫道真如铁，而今迈步从头越。从头越，苍山如海，残阳如血。"

　　娄山关战役是红军长征以来的第一个大胜仗，也是毛泽东指挥的遵义战役中最为关键的一仗。娄山关战役是二渡赤水，之后红军经过艰苦奋战，又两次成功渡过赤水，这也就有了红军历史上的著名战役——四渡赤水之战。在整个战役中，彭雪枫坚决贯彻执行遵义会议的战略方针，听从上级指挥，抢关夺隘，浴血奋战，为长征的胜利立下了汗马功劳。

3.　横渡金沙江

　　四渡赤水后，彭雪枫率部跟随红军继续北上。接连遭受重创的敌军并未就此死心，仍然穷追猛打，咬住红军不放。而且在红军的必经之路金沙江畔设立了重重关卡，企图将红军前后夹击，一举歼灭。红军处境十分危急，如何渡过金沙江成了眼下最重要的问题。

彭雪枫和团长李干辉站在金沙江边，望着翻滚的江水观察了很久后，彭雪枫说道："老李，你看这金沙江水深浪急，派工兵连在水面架桥恐怕是不行了，唯一的办法就是坐船渡江了。"李干辉为难地说道："坐船确实是可行的，可问题是敌军都把船拉倒北岸去了，我们去哪儿弄船呢？"彭雪枫安慰道："车到山前必有路，你先别着急，我们先在周围找找看，敌军再狡猾，总会有疏漏的地方，说不定就让我们给找到了呢。"随后李干辉就派人在周围搜寻，总算是找到了一条大木船。彭雪枫很是高兴地对李干辉说："老李，你看这不是找到船了吗，咱们就给他来个暗度陈仓，敌人以为我们过不去了，我们就来个突然袭击。"李干辉说道："好啊，真是太好了。"但此时的彭雪枫已经几天没有好好休息过了，李干辉看得出彭雪枫已经非常疲惫了就劝说道："团长，你快去好好地睡一觉吧，你都已经几天几夜没有好好休息过了，这里就交给我吧，你放心。"说完就推着彭雪枫往帐篷边走去，彭雪枫说道："哎呀，老李，我不困，我们在一起打仗这么久了，你还不知道我吗？我只要眯上几分钟就能精神饱满了。今天晚上我就更不能睡觉了，一会儿入了夜，我打头阵，你来掩护。"李干辉一听就急了说："那怎么能行呢，每次打仗你都打头阵，劝都劝不住，你是我们的领导，你要是有个万一，以后我们的队伍谁来领导啊。"彭雪枫看拗不过李干辉就说道："好，你打头阵，那你赶紧去睡觉吧。八点整我们准时出发。"入夜后，天黑得伸手不见五指，金沙江的水冰冷冰冷的。李干辉一觉睡到了约定时间，就赶忙到了江边。可是左等右等也没见到彭雪枫，更奇怪的是船也不见了。他赶紧来到彭雪枫的帐篷，找到警卫员问道："彭团长呢？"警卫员说："团长早就带着人出发了。"李干辉这才知道刚才彭雪枫和他约定时间是骗他呢，是为了不让他去冒险啊，想着想着感动的泪水就流了下来。那一边，彭雪枫带着一个连的战士正在江面上奋力地划桨。因为风大浪高，小船摇晃得很厉害，几个大浪过后，大伙都成了落汤鸡，再加上凛冽的大风，彭雪枫和战士们都冻得瑟瑟发抖。彭雪枫鼓励大家道："我们红军是打不倒的，我们应该像这波浪一样，一浪高过一浪啊。"战士们纷纷说道："是啊，我们红军就是不可战胜的。"经历了一波又一波的波浪后，彭雪枫他们终于顺利抵达彼岸。彭雪枫第一个跳下船，命令道："一小分队你们负责前方侦察，敌人一旦有所行动马上前来汇报；二小分队你们负责在周边掩护；三小分队你们负责回去接应剩下的人过来。"接到命令大伙就分头行动了。李干辉随后带领人部队也安全渡过了金沙江。

至此，彭雪枫领导部队终于摆脱了几十万敌军的围追堵

抗日英雄
彭雪枫

截，取得了长征路上具有决定意义的胜利，为整个长征的胜利打下了良好的基础，胜利的号角已经吹响了。

4. 翻越雪山

彭雪枫率领红十三团渡过金沙江，横渡大渡河以后，继续北上。再次冲破了敌人的重重防线以后，连绵起伏的大雪山出现在了他们的面前。

彭雪枫深知雪山地形复杂，危险重重。因此命令队伍在附近的村子里暂时扎营整顿。他则和政治委员张爱萍来到老乡家里打听情况。彭雪枫敲开了一户农家的大门，出来开门的是个七十多岁的老伯，他得知彭雪枫他们是红军以后，很高兴地把他们让进了屋子里。大伙围坐在火堆旁聊了起来，彭雪枫问道："老伯，我们明天想从这里出发，翻过雪山到山对面去。"老伯听后赶紧劝阻说："这可万万不行啊，这雪山叫夹金山，我从小就住在这山下，从来都是看到有人上山去，却没有下来过的。而且现在山上的雪正大，你们根本找不到吃的，还没等下山说不定就饿死了。"彭雪枫听后笑笑说："感谢老伯告诉我们这些，但我们必须要翻越雪山，只有这样我们才能战胜敌人，早日让咱们老百姓过上好日子啊。"老伯感动地说道："就冲你们红军这股不怕死的劲头，我们也相信你们能早日胜利。"

张爱萍说道："大伯，你放心吧，我们红军一定会征服这座雪山的。"大伯说："既然你们已经决定了，那我也不劝说你们了。我这就去召集村里各家各户开会，让各家把辣椒、大葱、大蒜都给你们送来，你们要过雪山，这些东西都是宝啊，他们可以帮助你们抵御寒冷。"

抗日英雄
彭雪枫

彭雪枫和张爱萍谢过大爷以后，就赶紧回去作准备了。第二天大部队准时出发了。开始部队还行进得比较顺利，但随着山势越来越陡峭，空气也变得越来越稀薄了，再加上雪光刺得人眼睛疼，很多同志都因为缺氧，开始头疼恶心起来，但没有一个人叫苦，更没有一个人掉队，大家踩着没膝的积雪，艰难地前行。入夜后，雪山的气温更是骤降，大家伙把能穿的东西都裹在了身上，但还是被冻得发抖。几天之后，一些体弱的同志和伤病员就坚持不住了，有的一脚踏空就从雪山滚了下去，一会儿就不见踪影了，有的被冻得走着走着就倒在了地上，再也没有起来。彭雪枫在寒冷的袭击下，身上的旧伤也发作了，疼得他直冒冷汗，脚下的冰碴儿把双脚都刺破了，血水都冻成了冰碴。但他始终咬牙坚持着，因为他知道，如果这个时候他倒下了，红十三团就会彻底坚持不住。他看着一个一个牺牲的同志，很是心疼，但茫茫雪山早就掩盖了他的泪水，他鼓励同志们道："同志们，再坚持一会儿，翻越这座雪山我们就胜利了。千万不能在此刻放弃，我们要对得起那些牺牲了的战友们啊。"同志们听了他的话热血沸腾，在胜利之光的指引下，你扶着我，我搀着你，大家齐心协力，一步一步地艰难前行。走的时间越长，距离越远，沿途就会不断看到牺牲的队友们的遗体，彭雪枫心中无限悲痛。但他知道现在还不是悲痛的时候，要将这无限的悲痛化成无限的力量，穿越雪山来告慰他们的在天之灵。张爱萍一直都紧紧地跟在彭雪枫后面，他看得出来彭雪枫在强力支撑，他多次劝说彭雪枫休息，可是都被他拒绝了。彭雪枫说道："我不累，不能休息，我怕我一歇下来就不想走了啊。"在经过了几十天的艰苦跋涉以后，彭雪枫终于率领红十三团翻越了夹金山。

之后，彭雪枫又带领红十三团以常人难以想象的意志力先后翻过了梦笔雪山、长板雪山、打鼓雪山和仓德雪山。他们用大无畏的精神征服了一个又一个天险，奋勇地朝着党中央指引的方向继续前进。

5. 走出草地

在翻越了一座又一座雪山之后，彭雪枫率领红十三团顺利抵达松潘毛儿盖。毛儿盖中央会议提出"创建川陕甘苏区根据地"的任务，于是彭雪枫又马不停蹄地率领部队经毛儿盖开始横跨茫茫草地。

当时，青稞还没有成熟，粮食问题成了所有部队面临的最大问题。彭雪枫粗略地估计了一下，跨越茫茫的草地至少需要

抗日英雄
彭雪枫

7天的时间，但全团只筹集了4天的粮食，剩下的3天怎么办呢？张爱萍说道："不行，我们就修整一下，等粮食筹集够了再出发吧。"彭雪枫果断地说道："不可以，如果再拖上个几天，恐怕敌军就会发现我们的踪迹了，到时候再想脱身可就难了。必须趁现在他们还没搞清楚状况，我们就顺利走出草地。"张爱萍为难地说："那怎么办呢，难道剩下的几天要挨饿吗？"彭雪枫说："饿就饿吧，反正能有水喝，是死不了人的。"随后，在彭雪枫的率领下，十三团毅然进入了草地。几天以后所带的干粮就都吃完了，最后就只能吃野菜和草了，第一顿不想吃，第二顿还是不想吃，第三顿没法子吃一点，第四顿就狼吞虎咽了，到最后把皮带都煮着吃了。如果说饥饿还能容忍，那么草地复杂的地形条件和变幻莫测的天气就彻底让彭雪枫他们没办法了。草地的条件的艰苦远远超出了彭雪枫他们的想象，那里几百里见不到一个茅草屋子，到处都是湿漉漉的，晚上根本没办法睡觉，只能站着休息。草地的气候就更是奇怪了，刚才还晴空万里呢，忽然就电闪雷鸣，狂风大作，大雨夹杂着冰雹一股脑地倾泻了下来。就这样反反复复，战士们的衣服都没干过，湿衣服沾在身上，很多同志都病了。张爱萍就因为天天吃树皮、草根，最后拉肚子，浑身没有力气，连走路都困难了。彭雪枫见状赶紧让警卫员把自己的骡子牵到张爱萍的跟前，关切地说："爱萍，赶紧骑上这骡子，你的身体太虚弱了，再这么下去，我怕你支撑不住啊。"张爱萍固执地说道:"彭团长,我身体一向最好了,这你还不知道吗?我用不着这个,你看我都没事了。"说完张爱萍大步向前走去。彭雪枫赶忙追上去,继续劝说,两个人你推我让的,谁也不肯骑。最后彭雪枫说:"也罢,我们就把它让给那些伤病员吧。"挨饿、伤病对于彭雪枫和战士们来说都不可怕,最可怕的是草地中那无数的泥沼、水潭,战士们明明看到前面长满了青草、野花,但一走过去就马上陷了进去,而且越挣扎陷得越深,直到最后被淤泥吞没。一旁的战友赶紧伸手去救人,结果两个人都越陷越深。彭雪枫着急地向

大伙呼喊道："同志们，记住了救人不要直接用手去拉，要用木棍让对方仅仅抓住，然后往上拽。"但是因为草地遍布泥沼，很多同志都防不胜防，没等旁边的人反应过来，人就被吞没了。许多年轻的战士就这样长眠在了草地。彭雪枫看着战友们在身边一个个地倒下，伤心极了。他只能在心里默默地流泪，带着泪水继续前进。一天、两天、三天……大家就这样坚持着互相鼓励地往前走着，没有人知道到底什么时候能走出草地，彭雪枫总是鼓励大家说："同志们，我们就要胜利了，过了这片草地我们就会见到党中央了。"彭雪枫的话大大鼓舞着战士们，身体强的就扶着身体弱的和伤病号一步步地继续前进。就这样，前后历时7天，行程400余里，彭雪枫带领红十三团历尽艰辛，最终以顽强的毅力走出了草地。

站在草地边，彭雪枫回头遥望，他知道自己无数的战友和兄弟再也不能和自己并肩作战了，悲痛再次袭来，他不禁潸然泪下。伤口也更加疼痛难忍了，但不容多想，彭雪枫又立即带着队伍向下一个目标出发了。此番跨越草地，红十三军团虽然牺牲了许多战士，但他们终于走过了长征路上最艰难的困境，胜利的曙光就在前方了。

6. 胜利到达陕北

走出草地后，彭雪枫又率领部队随军团到达甘南。9月中旬，中央政治局紧急扩大会议决定红军继续北上，彭雪枫由此率部经腊子口到达哈达铺，正式改任中国工农红军陕甘支队第二纵队司令员。10月，率部翻过六盘山，于19日越过老爷山，胜利到达陕北吴起镇。至此，彭雪枫从头至尾参加了长征，并率部胜利到达陕北。

红军虽然到达了陕北，有了自己的根据地，但因为人数众多，又赶上冬天来临，所以物资十分匮乏。就连彭雪枫这样的干部也只有一条薄薄的被子和一身单衣服，就更不要说其他的人了。虽然寒冷，但彭雪枫对战士们的要求却一刻也没有放松，每天早晨天刚刚亮，就召集大家出操训练了。一连几天，彭雪枫都发现大伙在跑步的时候都歪歪扭扭的，很是奇怪。这天彭雪枫又一次发现了这样的情况，他马上喊停了队伍，问道："你们是怎么回事，还有没有个当兵的样子啊。"大家都低头不敢说话，彭雪枫走近一看，发现是他错怪大家了。原来经历过长征的跋涉，大家都没有一双好鞋了，而物资供给又跟不上，所以很多人只能穿破了的鞋子，随便用根麻绳一系就将就穿了。跑步的时候地面上冰冷，又有石头扎脚，所以大家跑得都格外

抗日英雄

彭雪枫

吃力。彭雪枫赶紧道歉说："对不起，同志们，是我错怪你们了，你们辛苦了。"一个战士抬头说道："彭司令，我们不怕，我们能坚持，您看您不也是穿着一样的鞋吗。"彭雪枫继续说道："我们的根据地刚刚建立，所以很多物资都缺少，我们要尽可能多的自己解决问题。"说到这里彭雪枫想起了小时候爷爷教过他打草鞋，彭雪枫灵机一动说道："对了，我们虽然没有鞋穿，但这里漫山遍野都是草，我们可以打草鞋啊。"战士们疑惑地看着彭雪枫问道："怎么打草鞋啊？"彭雪枫耐心地说道："我们去山上和河边找比较粗实的野草，然后把草根都编织在一起，用比较细的部分来做鞋垫，这种鞋不但耐磨，还保暖呢。你们不用担心，我爷爷以前教过我，我现在可以教你们。"大伙一听说可以有新鞋，都高兴坏了，赶忙去周围找野草，不一会就带回来一大筐。大伙围在彭雪枫的身边，努力地学习着。

战士们开始还很费劲呢，但慢慢地掌握了技巧以后，很快就能打好一双草鞋了。忙了一整天，彭雪枫只顾着指导战士们如何打草鞋了，却忘了自己还没给自己做一双呢。晚上，当战士们都睡着了，彭雪枫就拿着野草来到屋外，借助月光打起草鞋来。警卫员半夜上厕所时看到师长还在打草鞋，很是心疼，就走到彭雪枫身边说："师长，你咋还不睡觉呢？"彭雪枫说："我给自己做一双新鞋，顺便再多打几双给咱们师那些年龄小的孩子们，他们小小年纪一个人在外不容易啊。"警卫员听后很是感动。第二天一早，再出操的时候，每个人脚上都穿上了新鞋，彭雪枫看着大伙高兴地说道："同志们，穿着自己做的鞋，心里边是不是特别的温暖啊。我们红军就应该这样，自己动手丰衣足食。你们想我们连雪山草地都能征服，还有什么能难倒我们呢？"大伙纷纷表示赞同，彭雪枫又补充道："那好，我们就从打草鞋开始，以后力所能及的小事我们都自己动手来完成好不好？""好、好、好……"战士们坚定的回答响彻了整个操场。

彭雪枫月下打草鞋的事情很快在红军中传开了，各个师都以红四师为榜样，也纷纷掀起了打草鞋的热潮。这不仅在一定程度上解决了军需紧张的问题，也为陕北老百姓减轻了负担，随后红军还开展了形式多样的大生产运动，根据地经济迅速发展起来。

五、致力统战　奔走努力

1. 亲赴兰州

1936 年，中央军委再次派彭雪枫到抗日红军大学学习。有了学习的机会，彭雪枫自然是十分高兴，但正当他沉浸在知识的海洋中的时候，中国的社会形势也在悄悄地发生变化。自 1931 年，日本人发动"九一八"事变以来，日本对中国的侵略步步加紧，红军不仅要对敌内战，更要抵御外辱。随着日本不断增兵，国内局势变得十分紧张，中国共产党从大局出发，决定停止内战，号召各方面力量一致抗日，建立抗日民族统一战线迫在眉睫。

9 月，彭雪枫接到中央军委命令，让他随叶剑英、潘汉年等人去西安做东北军张学良将军的统战工作。在西安短暂停留后，彭雪枫又受命独自前往兰州。这次亲赴兰州的主要任务就是说服国民党军长于学忠，邀其共同抗日。在兰州彭雪枫受到了于学忠的热情接待。于学忠虽然是国民党将领，但却很有爱国思想，对日态度也十分明确。此次见彭雪枫亲自到来，很是感动。两人寒暄几句以后，彭雪枫直奔主题："于司令，这是我党毛主席给您写的亲笔信。"说着将信递给了于学中，于学中接过信认真看了起来，信中毛主席表达了愿望，于看完后不由拍案道："毛主席果然是深谋远虑，以民族大义为重啊，我于某人深感惭愧啊。"彭雪枫早就听闻于学忠是一位忠贞耿直的铁汉，今日一见果然名不虚传。彭雪枫也看出他抗日的决心，说道："自'九一八'事变日军侵占我东三省以后，全国上下抗日的呼声一浪高过一浪。红军和东北军不应该再自相残杀了，而是应该联合起来，把日本帝国主义赶出中国去。"于学忠听后赞同地说道："彭将军言之有理，东北三省沦陷是我们东北军的耻辱啊。如今国难当头，迫在眉睫，我于某人愿意放下所有的分歧，与红军一起驱除侵略者，保我国民平安。"彭雪枫

看于学忠说到了正题上，便接着说道："不仅仅是东北三省，如今日本人的魔爪已经深入到了关内领土，狼子野心可见一斑。毛主席从大局着想，一再呼吁停止内战，一致抗日。我们需要的正是将军这样的有志之士啊，如果将军真的能与我们一同抗敌，相信胜利就在不久的将来啊。"于学忠满腔热情地说道："天下兴亡，匹夫有责，保家卫国是我身为一名军人的义务，我责无旁贷。"彭雪枫感慨道："于司令忧民忧国，真是让人佩服啊，但眼下日本不断增兵中国各地，仅仅依靠你我的一己之力恐怕难以扭转战局，希望于司令能联络更多的有志之士一起组成抗日民族的统一战线啊。"彭雪枫的此番话实际是在暗示于学忠去说服张学良，于学忠一听就明白了他的意思，便说道："彭将军放心，我于某人定当全力促成此事。我是坚决反对打内战的，把日本帝国主义驱逐出中国，张少帅也是十分赞同的，相信联合抗日之事指日可待了。"彭雪枫听到此处抑制不住内心的激动，紧紧地握着于学忠的手说："我代表红军欢迎您，我更代表中国的老百姓感谢你，愿我们的抗日民族统一战线能尽早建立啊。"

随后于学忠在家中设宴款待彭雪枫，两人又具体讨论了两军联合的一些细节，于学忠最后表示愿与中共中央保持同一立场，彭雪枫初次统战出征告捷。

2. 兄弟相见

彭雪枫在兰州逗留几天之后，就返回了西安。他将在兰州说服于学忠的事情及时向党和中央军委进行了汇报，受到了毛泽东的表扬。随后叶剑英命彭雪枫继续留在西安，协助自己做张学良的统战工作。

彭雪枫自八年前离开家乡就再也没有回去过，八年来他带领部队东征西战，没有闲暇思念家人。如今能得空闲留在西安，自然最想念的就是家里人了。于是彭雪枫给家里写了一封信。彭雪枫一家人收到来信特别高兴，父亲彭延泰拿着信赶紧对三

儿子彭修学说："快看看，你大哥都说啥了啊？"彭修学读完后说："大哥他很是想念我们，他现在在西安呢，希望您能去见一面呢。"彭延泰高兴地说："好啊好啊，只要他平平安安的我就放心了啊。"彭修学问道："爹，那你什么时候去西安看我大哥啊？"彭延泰想了想说道："知道你大哥平安就好了，我现在岁数大了，行动不方便。外面又兵荒马乱的，我怕给你大哥添麻烦啊。"彭修学看着父亲眼角泛起了泪花。彭延泰继续说道："修学啊，你替我去吧，你年轻走路快，到了告诉你大哥，家里都好不要挂念，我在家等他回来。"第二天一大早彭修学就出发了，没几日就顺利到达了西安。兄弟两个相隔八年之后才得以在异乡见面，激动地直流眼泪。平静下来以后，彭雪枫就开始问起家里的情况："爷爷、父亲、母亲身体都好吗？"彭修学伤心地说道："大哥，母亲在 6 年前就去世了，家里为了让你安心工作，就一直没告诉你。爷爷现在患了重病，卧床不起了，就靠我和父亲照料呢。"彭雪枫听后感觉天旋地转，他泪流满面地说道："我真是个不孝子啊，母亲生我养育了我那么多年，我却连她最后一眼都没有见到，爷爷如今卧病在床，还要靠年迈的父亲来照料，我真是无能啊。"彭修学安慰道："哥，你别伤心，家里没人怪你，母亲临终前说了，你是干大事的人，是为了保卫国家和人民，她有你这样的儿子很骄傲。"彭雪枫此时已经泣不成声了，在战场上没有喊过疼掉过泪的他，现在却像个孩子一样无助。在彭修学的几番安慰下，彭雪枫才渐渐平复下来，问道："五叔彭禹廷都还好吧？"彭修学叹了一口气道："五叔当年回乡搞自治，但因为和政府的意见不统一，三年前惨遭杀害了。"彭雪枫惋惜地说道："是我对不起五叔啊，当年他留我帮他，我却拒绝了，如果我留下了，说不定他就不会是这个结局了。"这些对彭雪枫来说，打击太大了，让他这个铁骨铮铮的汉子都有点承受不住了，他对彭修学说道："如果没有内战，没有日本帝国主义的侵略，也能在家侍奉父母，但现实却是这样的残忍。所以修学你要记住了，替我在家好好照顾爷爷和父亲，回去告诉他们，我现在不能回去尽孝道，是为了让更多的中国儿女不要再有我这样的遗憾啊。希望爷爷和父亲原谅我这个不肖子孙啊。"彭修学点点头说："大哥，你放心吧，我们都为你自豪，我们都不会怪你的。"

　　彭修学因为不放心家中爷爷和父亲，在西安逗留两天后就回家了。彭雪枫望着弟弟远去的背影，再次失声痛哭，因为他不知道何年何月才能再与家人团聚了。而失去亲人的痛苦更加坚定了他将革命进行到底，抗击日军和建立新中国的信念。

3.　说服阎锡山

　　彭雪枫在成功说服于学忠不久，毛泽东又将劝说阎锡山的重任交给了他。这次对彭雪枫来说，真的是一次巨大的挑战，因为阎锡山不同于于学忠，他老谋深算、奸诈狡猾，而且抗日的立场不鲜明，一心一意只想当自己的土皇帝。但困难是压不倒彭雪枫的，他简单收拾了一下行囊就匆匆踏上了开往太原的火车。

彭雪枫到太原以后，就立即前往阎锡山府上拜访了。阎锡山的家丁把他带到了阎锡山的书房里说："我家老爷正忙，你在这里等着吧。"彭雪枫这一等就是一整天，直到日落时分阎锡山才出现，而且一副傲慢的神情，进屋说道："不知道找阎某人有何贵干啊？前几日才大战我军，我还没去兴师问罪，你们倒是找上门来了。"彭雪枫等了一天很是焦急，如今又见阎锡山如此态度，内心十分厌恶，他知道阎锡山这是要给他个下马威，但身肩重任，彭雪枫没有时间与他计较，随后不卑不亢地说："阎主席，我想这里是有误会，不是我军故意为之。我红军东渡过河，是要前往根据地抗日，但没想到贵军以为我们要侵占山西，对我们进行了无理阻挠。因此为不延误战机，我们才与贵军发生了冲突。"阎锡山听后神情略有缓和，彭雪枫继续道："日本帝国主义听闻我们两军相残，很是得意，而且更趁机增兵太原城外，以待时机一举攻城。共产党愿与贵军联手，共同抗敌，不知道阎主席意下如何？"阎锡山一听说日本人要攻城马上站起来紧张地说道："不知道贵军对抗日有何良策呢？"彭雪枫说道："良策不敢讲，我共产党就是以民族大义为重，以抗日救国为己任，如阎主席愿意与我军合作，我军愿意遵从贵军安排。"阎锡山听完很是高兴，对彭雪枫说："我也早就有了和共产党合作的想法，但苦于一直没有中间人联系，如今你能来，太好了，这件事让训政处处长全权处理，有什么要求你尽管和他说。"送走彭雪枫之后，阎锡山的心腹问阎锡山说："老爷，你怎么这么就轻易答应和共产党合作了，这要是得罪了老蒋怎么办呢？"阎锡山说："我这是缓兵之计，如今老蒋和共产党都不能得罪，我也更不想去抗日白白牺牲兄弟们的性命。你去密切关注日本人的动向，看他们是否真的要攻打太原，之后我们再做打算。"回到住处的彭雪枫经过反复琢磨，也洞察了阎锡山的动向，他知道阎锡山并没有真正联共的决心，下一步要做的就是如何坚定他的决心了。可是该怎么做呢？正当彭雪枫愁眉不展的时候，转机出现了。1936 年 11 月，蒋介石告知阎锡山要派中央军进驻山西，那么一旦蒋军进入，阎锡山就有可能要被消灭。另一方面日军再次增兵，攻打太原城意图明显。彭雪枫拍着大腿说道："真乃天助我也啊。"随后赶紧赶到了阎府，此时的阎锡山也正如热锅上的蚂蚁，急得团团转呢。见彭雪枫来了赶紧让到内堂，彭雪枫开门见山说道："日军现在打算全面进攻山西了，那么太原城必定首当其冲，现在山西百姓抗日呼声不断，如果一旦开战，我军愿意全力配

抗日英雄
彭雪枫

合。"阎锡山听后极不情愿地说道："现在多方都对我山西虎视眈眈，和日军交战胜负难料，一旦我军失利，恐担心他人乘虚而入啊。"彭雪枫笑道："阎主席您多虑了，抗日救国乃民心所向，不但有我们共产党全力支持，更会有山西老百姓鼎力相助。胜利必然是属于我们的。"阎锡山暗自想着："看来日本人是必然要进攻山西了，而南京政府那边又想把我取而代之，现在也只有和共产党合作才能有一线生机了。"想到这里他果断地说道："好，我愿与贵军合作，一起抗日杀敌。"之后阎锡山全力奔赴绥远抗战，并最终取得了百灵庙战役的胜利。

彭雪枫在党中央的正确指示下，成功劝说阎锡山联共抗日，又为抗日民族统一战线注入了新鲜血液，也为日后八路军借道山西挺进华北敌后抗日铺平了道路，从这一点来说，彭雪枫在抗日斗争中功不可没。

4. 送李小姐参军

1937年，抗日战争全面爆发，彭雪枫身上的担子更重了。但他内心却是无比喜悦的，因为内战暂时得以停止，全国军民一致抗日，中华民族正在开始团结一致、抵御外辱。

这一天，彭雪枫正在办公室工作，突然警卫员跑进来说道："彭司令，外面来了一个年轻漂亮的小姐，非吵着要见您，我

说您工作很忙，没有时间，可她就是不肯走。"彭雪枫听后问

道："她们几个人啊？"警卫员说："除了那个大小姐，还有

两个她带来的家丁。"彭雪枫心想："我们军部怎么会有大户

人家的小姐贸然前来呢，看来是有什么事情啊。"想到这里他

马上对警卫员说："快去把她们叫进来。"不一会儿一位漂亮

的小姐就带着两个家丁进来了，大小姐开口问道："您就是彭

司令吗？"彭雪枫点点头说道："我就是，请问姑娘找我有什

么事情吗？"大小姐马上大哭起来说道："彭司令，我是来参

军的，我要给我的父亲报仇。"彭雪枫一听顿时愣住了，然后一旁的家丁赶紧说道："彭司令，这是我们家的大小姐，名叫李娇，我们家老爷就是国民党第六十一军军长李服膺。"彭雪枫恍然大悟，李服膺是阎锡山的心腹之一，跟随阎锡山多年，但前不久在南口保卫战的时候，在阎锡山的暗示下，弃战而逃，一连丢失了多个军事重地，致使南口失陷。蒋介石闻讯大为震怒，多次发电要阎锡山惩处相关人员，阎锡山为了推卸责任，不得不忍痛处决了李服膺。彭雪枫明白了李小姐的苦衷，赶忙安慰道："李小姐，请节哀。"李娇擦了擦眼泪说道："彭司令，我这次就是来投军的，我还带来了几十把新枪，就在门外，愿意全部交给共产党。"彭雪枫高兴地说道："谢谢李小姐的好意，但我们八路军纪律明确，李小姐能否参军我们还要开会研究。"李娇听后说道："希望彭司令能帮一帮我，不然我这辈子都不能替父报仇了。"彭雪枫继续说道："其实现在全国上下都在一致抗日，阎锡山把你父亲当作替罪羊肯定也是心中有愧，李小姐如果能放下个人恩怨，投靠晋军，也不失为个好去处。"李娇愤愤地说道："就算我能放下个人恩怨，我也不会投靠晋军的。他们就是一群伪君子，只知道顾全自己的利益。我绝不和他们苟同。我愿加入共产党上阵杀敌，为民除害。"彭雪枫见李娇态度坚决，经过再三考虑说道："我可以破例让你参军，但是李小姐毕竟是个女儿身，又是名门出身，恐怕现在就让你上战场不现实，你看这样如何，我先派人送你去我们的敌后大学学习，学成归来我们再做打算。"李娇听后高兴极了。

随后，彭雪枫就安排警卫员亲自护送李娇前往延安学习。李娇也没有辜负彭雪枫的期望，在大学期间一直努力学习，毕业后参加了许多抗日战役，昔日养在深院中的娇小姐，最终成长为了一名优秀的革命战士。

5. 护送周恩来撤离太原

成功说服阎锡山以后，八路军驻晋办事处也正式成立。彭雪枫脱去了便衣，穿上八路军的军服，日常工作很是繁忙。随着公开活动的增多，抗日战线的队伍也在不断扩大。1937年9月，周恩来由西安到达太原，住在办事处，彭雪枫不仅负责保护周恩来的安全，而且还要协助他广泛开展对晋军高级军事首领的统战工作。

就在彭雪枫的统战工作开展得有声有色的时候，10月，日军全面进攻太原城。中国军队虽经浴血奋战，但无奈兵力和后援不足，太原失守是早晚的事情了。曾经繁华的太原城，如今早已尸横遍野、火海一片了。就在这关键的时刻，守城的傅作义的手下三十五军副军长兼城防司令曾延毅弃职逃跑。手下的一群副官顿时像一盘散沙一样，没有了主心骨，军心动摇下，也纷纷出逃。在混乱中，不少官兵因为"副"与"傅"同音，以讹传讹，说傅作义将军也逃离了太原，致使军心涣散，大家争相外逃。另一边，太原城的老百姓看到守城的官兵纷纷逃离，也都人心惶惶，开始带领家眷一起加入到了逃亡的大军中。一时间，太原城内乱作一团。而在八路军办事处，彭雪枫和周恩来还镇定地坐在书桌前研究着战局，外面的爆炸声此起彼伏，彭雪枫担心周恩来的安危，劝说道："太原机关、守城军和老百姓都逃得差不多了，我们也尽快撤离吧。"周恩来笑笑说道："不急不急，敌人的炸弹不是还没有炸到我们吗。守城的军官都撤走了，我们更要给太原人民站好最后一班岗啊。"说着张震推门而进说道："军委发来的电报，命令我们明天必须撤离太原，向晋南临汾撤退。"彭雪枫敏感地意识到肯定是出了什么状况，不然军委撤退的命令不会如此突然，他果断地问道："出了什么问题了？"张震说："还能出什么事情，还不是阎锡山这个怕死的老鬼。2日才开完军事会议，决定由傅作义将军担任守城的最高将领，结果昨天他就坐飞机先逃跑了。"彭雪枫气愤地拍着桌子说："阎锡山这个缩头乌龟，前几天还信誓旦旦、口口声声地说要和太原共存亡，没想到临阵脱逃了。"但彭雪枫来不及气愤了，外面的枪声越来越密了，爆炸声也似乎更近了，他连夜和周恩来整理办事处的文件，该销毁的销毁，该带走的带走。5日天亮以后，在太原城里的人物，可以数得清了，除彭雪枫、周恩来、孙连仲、傅宜生、卫立煌外，还有一位新闻记者。情况紧急，彭雪枫在收拾妥当一切后，陪同周恩来坐汽车开始转移。去临汾的路有两条，一条是经榆次坐同蒲路火车走，一条是由太原南下汾阳。但铁路早就被日本人控制了，所以彭雪枫等人打算经过汾河桥沿太汾公路南下。但等到汾河桥附近，才发现这里早就被逃亡的人给挤了个水泄不通。无奈，彭雪枫只能让周恩来在汽车上等着，他跑去向傅作义将军求助。一进到傅作义将军的办公室，彭雪枫就看到傅作义将军正对着军事战略图沉思，见彭雪枫进来，傅作义说道："都什么时候了，你怎么还没走呢？"彭雪枫说："将军不是也还没有走吗？"傅作义说："坚守太原是我的职责，我定与太原一起存亡。"彭雪枫看着眼前这个汉子深深地被他折服了，来不及说更多钦佩的话，彭雪枫直接地说道："我今天负责掩护周先生撤离，但是临汾桥已经被堵死了，还有守城的官兵，我们过不去，希望傅将军能帮忙啊。"傅作义二话没说，赶紧给彭雪枫写了手谕，郑重地交给了他。彭雪枫立即赶回汾河桥，守卫的官兵看到手谕立即放行了，但此时要重新扒开被堵住的城墙是不可能了，于是彭雪枫和周恩来只好抛下汽车，钻过临时挖开的一个口子，徒步向临汾转移了。几天后，彭雪枫护送周恩来顺利抵达了临汾。

11月8日，古城太原在日军的猛烈进攻下失守了，彭雪枫闻讯很是悲痛，但令彭雪枫欣慰的是，他协助周恩来布置的华北游击战争在山西各地蓬勃发展起来，成立了多个游击队，在敌后战场上大显威力。

6. 创办拂晓报

彭雪枫不仅是位伟大的军事家，而且还是位学识渊博之人，这都得益于他从小的良好教育。虽然参军后，一路南征北战，但他的才华并没有就此被埋没。在红军新闻史上占有重要地位的《拂晓报》，是彭雪枫将军亲手创办并培育起来的。

1938年秋天，抗日烽火燃遍中原大地，中共河南省委遵照周恩来的指示组建的新四军游击支队，彭雪枫任支队司令员兼政委。彭雪枫深刻地认识到，部队行军打仗不仅仅要有先进的武器，更重要的是要有奋发向上的斗志，因此彭雪枫决定创立一份报纸，与部队同行。在彭雪枫同志的倡议和具体组织下，报社的工作班子很快成立了。支队政治部宣传科长王子光兼社长，主编阿乐（乐于泓），编辑易河与单斐。大伙第一次开会就为报纸命名的问题讨论得热火朝天。阿乐说："叫'曙光'怎么样，寓意我们的抗战就要胜利了。"单斐打趣道："那干脆就叫'胜利'吧，简洁明了。"他这么一说，大伙都被他逗笑了。这时候易河看着彭雪枫问道："彭司令，创办报纸的提议是您想出来的，还是您给想个名字吧。"彭雪枫想了想说道：
"要不就叫拂晓吧。"大伙纷纷问道："这个名字好，可是司
令这个名字的寓意是什么呢？"彭雪枫起身看着外面的天空，
缓缓地说道："拂晓，寓意光明即将到来。我相信我们的抗日
战争一定会取得胜利的，但我们还有很长的路要走，但只要我
们坚持，就一定可以等到成功。"大伙纷纷表示赞同。后来他
在《创刊词》中写道："拂晓代表着朝气，希望，勇敢，进取，
迈进，有为……军人们在拂晓出发，要进攻敌人了。拂晓催促
我们战斗，拂晓引来了光明……"1938 年 9 月 29 日，《拂晓报》
终于在河南省确山县竹沟镇的一家农舍中诞生了，它是一份油
印小报，印在当地的土产麻纸上。尽管印完油渍斑斑，字迹模
糊不清，可当指战员们看到自己的报纸时，还是兴奋不已。但
因为条件有限，加上部队要行军作战，当时办报之难，是今人
无法想象的。中途许多人都打过退堂鼓，但彭雪枫将军总是鼓
励大家说道："不管有多困难，都要把《拂晓报》办下去，因
为精神食粮比吃饭重要。"1939 年春，支队已从豫中挺进到豫东、
皖北地区。时值严重春荒，军民都无粮充饥，部队能吃上烂红
薯、糠窝窝和高粱面稀汤就算好的。报社当然更穷，连调油墨
的煤油都买不起，只好用棉籽油代替。油墨用完了，便用锅灰
调棉籽油印报。战时办报不仅困难多，而且还要时刻准备流血
牺牲。在抗日战争与解放战争期间，《拂晓报》社共有 15 位

同志为革命捐躯，年龄最小的才 17 岁，其中就有从延安来的老编辑姜心启同志。在一次突围战斗中，报社有 6 人光荣牺牲。编辑庞在群等 7 人在一次战斗中被敌人俘虏，他坚贞不屈，英勇就义。因此，在彭雪枫的心中《拂晓报》并不是一份简单意义上的报纸，它是无数同志用鲜血换来的。他像治军一样严格要求报社的每一个人，如果发现缺点与错误就立即纠正。有一次，报纸在报道一位班长的牺牲时使用了"惨不忍睹"一词，彭雪枫同志就在报上写了条眉批："这个班长确实在战斗中牺牲了，但不能形容成惨不忍睹。"当时有关编辑解释说："苏联小说《铁流》不也有类似的描写，还不是有血有肉十分感人。"后来彭雪枫同志在一次座谈会上解释说："这种纯客观地描写并不可取，我们应该从积极方面写出敌人的残暴、战士的壮烈，以激起读者对敌人的仇恨、对英雄的敬佩，这才是我们写作的指导思想。"有次前方打了个大胜仗，战士们十分兴奋，报社编印出《捷报》，字刻得有些潦草。彭雪枫看后到报社说："捷报固然要快，但也要写得清晰，让人看得明白。你们今天出了这样潦草的捷报，怎能和指战员用鲜血换来的胜利相比？"后来他拟定了一个《宣传规约》，其中就有不写草字，不写怪字，不写错字的具体要求……

　　在彭雪枫的严格要求下，《拂晓报》越办越好，就连毛泽东看过几期以后也是赞不绝口，更亲自为其题词。作为战地报纸，《拂晓报》在枪林弹雨中的影响日益扩大，它的发行量由创刊时的几十份增加到了几千份，在敌后战场上逐渐生根、发芽、开花，最终发挥出了它应有的作用与威力。

六、抗日战场　屡建奇功

1. 誓师东征

1938 年 6 月，抗日战争的形势发生了新的变化。日军攻陷徐州以后，国民党军队开始向西撤退，开封及豫东各省相继沦陷，广大群众陷入水深火热之中。各地有志的地主、士绅和脱离军队在家的军官都组建队伍，准备打游击，但苦于没有正确的指导，于是纷纷联络新四军，要求参加抗日，保家为民。

在这种有利形势之下，彭雪枫开始了积极的统战工作。一方面他派军委干部王海山前往豫东地区，向在那里的抗日游击队传达了军委关于组建抗日武装、开展平原游击战争的指示。另一方面，彭雪枫亲自到豫东巡视，进一步发展豫东敌后抗战。在豫东敌后根据地日益壮大和稳固的时候，9 月，周恩来、叶剑英发电报给彭雪枫，指示说："雪枫同志，新四军的工作重心应该继续移向豫东，开创苏鲁皖边新局面，与八路军的活动连成一片，对整个抗日战争将有重要意义。"彭雪枫看后，很是兴奋，激动地说道："太好了，终于等来上级的指示了，这回我们新四军要大显身手了。"随后彭雪枫就挺进豫东敌后的问题多次和毛泽东等人交换了意见，在得到肯定以后，彭雪枫开始着手准备东征工作。一时间，新四军要东征的消息传遍了大街小巷，各家各户纷纷送自己的子女前来参加，就连一些娃娃也吵着闹着要跟新四军去打鬼子。9月29日，竹沟镇的镇中心人头攒动，到处张灯结彩。新四军全体将士穿戴整齐，排着整齐的队伍来到了会场，东征的誓师大会马上就要开始了。彭雪枫身穿新四军军服，脚穿草鞋，英姿飒爽。他迈着坚定的步伐走上了讲话台，代表新四军全体指战员发表讲话。彭雪枫看着台下的战士和百姓，内心十分激动，他动情地说道："同志们、父老乡亲、兄弟姐妹们，我们新四军是人民的子弟，为了保家卫国，保卫国家，我们到敌人后方去，一定要勇敢杀敌，多打胜仗，并以此来报答党和竹沟人民对我们的期望。"彭雪枫说到这里，台下瞬间响起了热烈的掌声。彭雪枫示意大家安静后又继续说道："同志们，我们就要东征了，新的挑战在等着我们，但我们也离胜利越来越近了。让我们挺起胸膛，大步向前，把小日本彻底赶回老家去！"彭雪枫顿了顿带领大家宣誓道："日寇犯境，大敌当前，我们新四军游击支队全体指战员，誓在中国共产党领导下，开赴前线，英勇杀敌。遵守三大纪律八项注意，团结友军，唤起民众，扩大武装，开展游击战争，不复失地，誓不生还。"新四军宣誓的声音响彻了竹沟的山山水水。宣誓完毕，整个会场都沸腾了，人民燃放鞭炮，敲锣打鼓欢送新四军。第二天清早，彭雪枫和竹沟的领导一一道别，带着三百多名新四军战士踏上了东征的征途。

此时，东方冉冉升起了一轮红日，战士们迎着朝霞，唱着《东征战歌》。嘹亮的歌声伴着坚实的脚步，由近及远，在晨曦相映的天空中久久回荡。

2. 首战告捷

彭雪枫率领新四军一路东征，沿途受到了老百姓的欢迎与称赞，全军上下士气大增。于中秋节到来之时，到达了河南西华县，驻扎在西华县城北杜岗一带，与吴芝圃、萧望东率领的部队胜利会师，三支队伍整编组成新四军游击支队。

随后，渡过黄河向日军侵占的沦陷区挺进，于10月26日，通过淮太公路鞍子岭，顺利到达了窦楼一带。窦楼的老百姓一听说是新四军来了，个个高兴极了，赶紧把队伍迎进了村。大伙腾出房子让战士们休息，还把家里一直都舍不得吃的猪给抬出来杀了慰劳战士们。村里的妇女抢着给战士们缝补衣服，还拿出来了平时都不舍得让自家男人穿的新衣服，送给战士们。而战士们也没闲着，他们两人一组，三人一伙的，到老百姓家中，有的帮着劈柴，有的帮着挑水，还有的帮着修补漏雨的房屋……到了晚上彭雪枫就把老百姓都聚集到一起，耐心地向他们讲解新四军抗日救国的政策，向他们解释新四军和鬼子伪军的不同，鼓励他们要团结起来，一起赶走日本侵略者。这边军民鱼水一家情，那边却有人甘愿当汉奸，给日本人通风报信。这个人不是别人，正是窦楼三里外的双庙刘村的恶霸地主刘老歪。他发现彭雪枫率领的队伍在窦楼修整，于是动了坏脑筋："真是天上掉馅饼啊，现在日本人到处抓共产党，现在却送上门来这么多，我要发财了啊。"之后他鬼鬼祟祟地找到鬼子长官说："皇军，我在窦楼附近发现了很多的新四军，他们正在做饭呢。"日本队长林津马上从椅子上站起来，瞪着眼睛说："你说的是真的吗？"刘老歪赶紧低声下气地说："皇军，我说的千真万确啊，绝不敢欺骗皇军啊。"林津赶紧召集部队，在刘老歪的带领下很快就找到了彭雪枫他们。一场激烈的战斗就此打响了。

"哒哒哒"日军占领了窦楼东南一处高地，架起机枪向游击队疯狂地扫射开来。彭雪枫面对突发情况沉着冷静，对全体战士们说道："来得好啊，今天就让这群小日本有来无回。"之后与参谋长张震稍作商议后立即下令道："现在听我指挥，支队直属队去窦楼南侧，任务是控制窦楼；二大队一部你们负责占领马菜园以北的起伏地，正面阻击敌人；一大队和三大队主力从东西侧包抄敌人。"命令完毕，各部迅速展开，占领有利地势与敌人激战。彭雪枫也火速加入了战斗，他与三大队七中队的战士们一起奋勇杀敌。在各部的有力配合下，敌人很快就溃不成军了。迂回中，彭雪枫和七中队的副队长吴守训来到距离敌人约 200 米处，他们能清楚地看见日本队长林津正挥舞着军刀在指挥射击，彭雪枫狠狠地说道："这个杀人不眨眼的魔鬼，今天我就送你回你的东洋老家，给千千万万的中国同胞们报仇。"说罢命令神枪手吴守训说："老吴，这回就看你的了。"吴守训说："放心吧，司令。"随后吴端稳枪，一枪就打死了林津，吴守训大喊一声："打，狠狠地打啊。"新四军战士们蜂拥而上。此时张震也跟着彭雪枫冲到了最前面，日本兵虽然失去了首领，但仍然在负隅顽抗，张震一个点射，就放倒了用机枪扫射的士兵。随后，又有无数的日本兵死在了他的枪下。张震越打越英勇，奋不顾身地往前冲，突然感觉左腿一麻，但顾不

得多想就又向前跑去。这时只听卫生员在后面喊道："参谋长，别跑了，你腿负伤了。"张震低头一看才发现自己左腿不知道什么时候中弹了，鲜血直流。他回头说道："不碍事啊，就是点皮外伤，没事。"说完又继续投入了战斗。在新四军的夹击下，日军死伤半数以上，剩余的部队如丧家犬一般，夹着尾巴逃了，新四军大获全胜。

窦楼一战是新四军开赴敌后根据地打的第一个胜仗。规模虽然有限，但影响深远。新四军打鬼子的事情很快传遍了豫东大地，沿途很多人纷纷加入新四军，战士们在彭雪枫的领导下雄壮威武地继续进发。

3. 书案店卖马

1938 年 12 月，彭雪枫率领新四军驻扎在县南原为古道驿站的白马驿，部队在这里进行了第二次整编和军政训练。之后彭雪枫接到毛泽东、朱德等领导的电报，命其度过新年即东进皖北，新年过后，彭雪枫遂命令部队分路向东挺进。1939 年 2 月，彭雪枫率支队司令部机关和直属队，顺利到达豫皖交界的书案店。

彭雪枫的到来，给书案店带来了新气象。他们听说新四军专门帮助农民抗击日伪、驱逐土匪，心里很是高兴，自然对新四军也是格外热情。而新四军呢，本身就是爱民之军，又受到老百姓的热烈欢迎，自然是帮助老百姓挑水、砍柴、做饭、烧火……然而时至初春三月，青黄不接，只有几口人的农民家里经常是吃了上顿没有下顿，更不要说几千人的部队了。当时，干部战士们不仅每个月几毛钱的零用钱都不发了，连每天三分钱的菜金也没了保证，大伙每天只能以红薯、红薯干、高粱窝窝头来充饥。按照部队规定，作为司令员兼政委的彭雪枫是可以受到特殊待遇的，可是他每次都坚持和战士们一样。有一次，彭雪枫的老胃病又复发了，疼得他直冒汗。警卫员实在心疼他就跑到厨房拿了两个白馍和一碗菜给彭雪枫送来了。彭雪枫看后很是生气地说："你这是干什么，现在我们连红薯都快吃不上了，你怎么能给我开小灶呢？"警卫员着急地说："司令，你都疼成这样了，就吃点吧，没有你，我们怎么战斗呢。"彭雪枫坚决表示："我是不会吃的，把这些东西都留给伤病号吧，他们比我更需要营养啊。"警卫员无奈只好又都放了回去。一个月以后，群众家中开始出现断粮了，部队连红薯也吃不上了，只能用野菜充饥了。彭雪枫看着战士们因为缺乏营养，一个接一个地病倒了，很是心疼。他焦急地找到供给处处长问道："现在全师还剩多少钱了。"供给处处长为难地说："彭司令不瞒您说，咱们就剩下三四块钱了，一点儿都不敢乱花，就等着买点盐，给大伙冲了水补充体力呢。现在红薯吃不上了，还有野菜，但野菜也只够吃几天了。"彭雪枫表情凝重地说："现在该怎么办呢，老百姓家里也都断粮了啊，而且书案店是刚建立的根据地，底子薄，筹粮筹款很困难。"供给长说："要不我们给上级打报告，让上级支援我们吧？"彭雪枫说："万万不可，现在延安的情况也不一定就比我们好，他们人更多，可能困难更大。我们不要再给组织添负担了，尽量依靠我们自己的力量来解决问题吧。"彭雪枫一连想了几天，终于决定卖马换钱来渡过难关，这其中也包括他心爱的战马。当他把卖马的决定告诉大家的时候，大家都沉默了。因为师里的这些马跟随大伙南征北战，就像自己的家里人一样，大伙都舍不得啊。彭雪枫看出大伙的心思劝慰道："大伙不要伤心，我们现在卖马是为了渡过一时的难关。古代有秦琼卖马，为的也是靠自己的力量脱困，今天我们也要把和我们一起多年的马都卖掉。有的同志想不通，说我没人情味，其实道理很简单，我们是红军，是老百姓的军队，我们有了困难，要自己解决不能去打扰老百姓，今天我们卖马换粮，他日我们凯旋了，这些马也都是功臣啊。"听了彭雪枫的一番话，大伙心里舒服多了，随后彭雪枫把马拉到市场上去卖，赶集的人纷纷围拢过来，大家知道是彭司令在卖马的时候，都啧啧称赞并竖起了大拇指。集市上的人越聚越多，其中还有几个外地来的商人大贾，他们听了彭雪枫的事情后很是佩服，于是出高价买下了所有的马。

卖马筹来的钱使部队的战士们重新有了粮食吃，但彭雪枫依然没有忘记过书案店的百姓们。他从这些钱款中抽出一部分接济贫困户，还买了很多春耕的种子送给老百姓。后来老百姓为感谢彭雪枫和新四军，特在书案店的西门刻碑颂德，称赞新四军是天下文明第一军。

4. 夜袭芦家庙

1939 年，疯狂的日军在佐佐木的带领下占领了鹿邑县城，正对亳州虎视眈眈。彭雪枫正看着战略指挥图沉思着，他深知亳州是军事重地，一旦被日军占领，后果不堪设想。彭雪枫果断决定要突袭日军，以解除亳州之危。

恰在此时，二团团长滕海清走了进来说："报告司令，二团团长滕海清前来报到。"彭雪枫一看是滕海清来了很是高兴，说道："我正想找人去叫你呢，你就来了。"滕海清说："司令是有什么任务吗？"彭雪枫说："一点儿没错，你来看。"说着两人就走到了战略指挥图前，彭雪枫指着亳州说道："这里就是小鬼子的下一个进攻目标，一旦让他们取胜，对我军的危害那是难以估量的啊，而且还有可能改变整个战争的形势啊。"滕海清问道："这里现在不是有国民党的军队负责驻守吗？"彭雪枫冷笑一声说："这里的国民党就会对老百姓耀武

扬威，一听说日本人要来，跑得比谁都快。"滕海清恨恨地说道：

"真是太可气了。"彭雪枫说："现在形势紧迫，我准备派你

的二团来一次突袭行动，打敌人个措手不及，尽量解除亳州的

危机。"滕海清大声回答道："请司令放心，我二团保证完成

任务。"彭雪枫说："好，我命令你率领二团向亳州方向挺进，

沿途寻找时机，给敌人致命一击。"彭雪枫和滕海清很快就带

领二团出发了。日军也很快有了行动，他们先是派日伪军支队

长崔华山率领 500 人作为日军前驱，进驻了亳州城东北的芦家

庙。在芦家庙，崔华山很是嚣张，他向手下的兄弟们吹嘘说：

"现如今这芦家庙就是我们的了，国军一听说日本人来了，早就吓跑没影了。共产党也不知道窝在哪个山里呢。所以说只要你们跟着我好好干，我是绝对不会亏待你们的。"一旁的手下问道："那日本人呢，日本人我们可惹不起啊。"崔华山踹了他一脚说道："胡说什么呢，我崔某人和日本人是什么关系啊，我说往东他们绝不往西。"手下的兄弟们一听纷纷附和道："是啊是啊，崔爷是何等的大人物啊，小的我们三生有幸，能为您效劳啊。"崔华山满意地点点头说道："那还不去给大爷我弄点吃的喝的，想饿死我啊。"很快，他手下的兄弟们就从老百姓家里搜刮了一堆吃的，崔华山满意地大吃大喝了起来。彭雪枫根据传回来的情报，当机立断命令滕海清趁夜突袭崔华山的部队。当晚天黑得伸手不见五指，彭雪枫和滕海清率领二团二部悄悄地潜进了芦家庙，崔华山和手下的人，早就喝得酩酊大醉了，外面连个守卫都没有。彭雪枫在心中暗自叫好道："太好了，今天就送你们这些汉奸回老家。"随后彭雪枫就下达了作战的命令，二部以迅雷不及掩耳之势冲入到第一个营房里，一群酒鬼还没弄明白怎么回事呢，就乖乖地做了俘虏。有个家伙竟然还拿着酒瓶子对滕海清说："兄弟，闹什么闹啊，来，咱们好好喝酒。"滕海清大喝一声："睁开你的狗眼看看，谁和你是兄弟。"那人惊得出了一身冷汗，待看清楚以后吓得发抖说："军爷饶命啊，军爷饶命啊。"还没等滕海清开口，外面突然响起了枪声，原来是另一营房的崔华山发现这边情况不对，随机开了枪。彭雪枫马上命令各连实施穿插，各个包围。但敌人占据了有利地势，滕海清率部几次突袭都没成功，无奈之下，滕海清觉得冒险一试。他和几个战士冒着敌人的枪林弹雨，悄悄地爬上了屋顶，扒开一个口子把手榴弹扔了进去，几个手榴弹炸响以后，顿时火光冲天，敌人哀号一阵后就再也没了动静。夜袭芦家庙的战斗终于结束了，彭雪枫和滕海清率领部队击毙了百余人，还缴获了多挺机枪。

崔华山部被新四军消灭的消息传出，另外的一路伪军听闻后连夜窜逃，日军进攻亳州的计划也就此破产了。彭雪枫和新四军声威大震，但彭雪枫并没有过多沉浸在胜利的喜悦中，而是带领新四军为新的战斗继续作好准备。

5. "雪枫沟"的由来

在涡阳县新兴集有一"雪枫沟"，它是由两条排水沟组成的，它不但名字特别，而且作用还十分巨大，就是因为"雪枫沟"的成功修建，才使得新兴集的老百姓告别了十年九涝的、颗粒无收的日子，过上了有粮收、有饭吃的富足生活。那么这条排水沟为什么叫"雪枫沟"呢？这就不得不提到彭雪枫将军以及他所率领的新四军了。

1938年深秋，彭雪枫率领部队到达了新兴集，所到之处尽是一片汪洋，庄稼也早就被洪水淹没了，老百姓家中早就断了炊，饿死人更是常有的事。但老天似乎并不动情，大雨一场接一场地下个不停，整个新兴集岌岌可危。彭雪枫本来是打算率领部队在新兴集稍作休整就开赴下一个目的地的，但眼前的情景让他很是着急，于是决定留下来帮助新兴集的老百姓渡过难关。彭雪枫找来新兴集的村长问道："老村长，咱们村今年怎么会发如此大的洪水呢，难道村里就没有采取什么应对办法吗？"村长叹了一口气说道："彭司令，你是不知道啊，何止是今年，我们村年年都是这样啊，洪水一年比一年凶猛，我们的日子也快过不下去了啊。"彭雪枫纳闷地问道："怎么会年年都这样呢，难道村里没有开沟挖渠吗？"村长叹了口气说道："我们也想挖条排水沟啊，但是不行啊。在我们村不远处的李家湖南岸有条岭子沟，挡住了雨水注入浍河的去路。只要破岭开沟，我们就有救了啊。"彭雪枫说："那还等什么啊，我们可以帮忙的。"村长说："彭司令，您先别着急，听我说完。这岭子沟分岭南和岭北，我们岭北想挖可是岭南却偏说挖沟会破坏了他们的风水，死活都不让。祖辈从光绪年间就开始打官司，但一直都没个结果，两边的人也因此结了仇啊。"彭雪枫不由皱紧了眉头，他想了想说："村长，你先回去吧，这事情就交给我吧。"村长走后，彭雪枫反复琢磨，他认为事情的关键在于如何说服岭南的老百姓。于是他找来刘海芳、赵清山等人，随他一起来到岭南。岭南的老百姓早就听说了彭雪枫和新四军的抗日事迹，今天见他们来到自己家更是欢喜得不得了。彭雪枫见到热情的大伙也没犹豫，直接开门见山地说："我来呢，就一个目的，希望大家可以支持我们开沟挖渠，给岭北的老百姓一条活路啊。"开始大家还有所犹豫，但彭雪枫晓之以理，动之以情，还把其和抗日结合到了一起，岭南的老百姓慢慢也就去除了心里的芥蒂，同意开沟挖渠了。很快就敲定了工程的开工日期，开工那天工地上一片欢腾，岭南和岭北的老百姓在新四军的带领下干得热火朝天，工程进度很快，5公里的排水沟不到一个月就修好了。新兴集的老百姓为了感谢彭雪枫和新四军，决定把这条沟叫作"新新沟"，并在沟旁设立石碑，碑上刻着37个大字"陆军第十八集团军总司令部参谋长兼陆军新编第四军游击支队司令彭雪枫德政碑。"

1940年春，彭雪枫又率领部队帮李寨修了一条"新四沟"，解除了李寨常年积水之患。后来人们就把"新新沟"和"新四沟"合称为"雪枫沟"了。

6. 智擒黄继昌

在永城、涡阳交界的地方有个土匪头子名叫黄继昌，他平日里没少鱼肉百姓，祸害乡里，只要他出现的地方必然是家家关门闭户，甚至外出逃亡。因是战乱年代，所以没有官府和军队能够管他，黄继昌便越发猖狂了。时间长了，当地的老百姓都给他起了个外号叫"大秋叶子"，意思就是他无论去哪都会像"秋风扫落叶"一样把老百姓的家财都搜刮殆尽。

彭雪枫率领部队在行军的路上也多多少少听说了一些关于黄继昌的事情，很是气愤。没想到刚到了永城，还没安顿好，就有老百姓找来了。来的是个七十多岁的老奶奶，她步履蹒跚，行动十分不便，彭雪枫见状赶忙上前去搀扶老人。老奶奶流着眼泪对彭雪枫说："大老爷，我听说你们专门帮我们老百姓打坏人，是真的吗？"彭雪枫耐心地说道："老人家，我不是什么大老爷，你叫我雪枫就行了，我就是老百姓的儿子啊。你有什么委屈都可以和我说。"老奶奶一听哭得更伤心了，说："你一定要给我做主啊，我是临近王村的，本来我们村里人都和睦相处，过着好日子，可是没想到有一天，那个土匪头子'大秋叶子'，带着一帮土匪闯到了我们村里，到处烧杀抢夺，最后村里的人几乎都被他杀光了啊。"彭雪枫听到此处，怒火中烧，没想到这个黄继昌竟然如此心狠手辣，他狠狠地拍着桌子说："这个败类，我彭雪枫一定要为民除害。"彭雪枫随后找来了二团团长滕海清商议，滕海清说："黄继昌虽然危害一方，但他的实力不可小觑啊，他手下有三百多人，多条长枪短炮，而且还有轻重机枪，如果真的是硬碰硬，我们的队伍也必然会有不小的损失啊。"彭雪枫很是同意滕海清的话，他想了想说道："硬拼不行，看来我们只能智取了。"两人商议一番，第二天就开始行动了。彭雪枫先是派滕海清找到黄继昌说道："现在举国上下都在抗日，你却占山为王，欺压百姓，你还有没有一点爱国之心？"黄继昌虽然平日里嚣张跋扈，但是也早就听说了彭雪枫和新四军的厉害，此时并不敢轻举妄动。滕海清趁机说道："我奉彭司令之命前来，希望你们能放下武器，和我们新四军合作，一起抗日杀敌，保家卫国，不然我们新四军绝不手软，定当拼尽全力也要把你们都消灭掉。"黄继昌心想："老百姓早就让我得罪光了，如今再不投靠新四军，那我以后真的没活路了。"虽有一百个不愿意，但也没有别的办法了，黄继昌最后只能答应了。滕海清高兴地回去告诉了彭雪枫，彭雪枫握着拳头说道："好，这回看他还有什么花招。"黄继昌虽说是挂上了新四军的旗号，但他更变本加厉地欺负老百姓，彭雪枫看在眼里，急在心上。就在为找不到合适的时机发愁的时候，好消息却传来了。原来新四军的一个游击支队消灭了一股日寇，司令部决定为该队开联欢会。彭雪枫高兴地说道："机会来了。"之后，他马上派人去请黄继昌来参加，黄继昌接到邀请以后，很是犹豫，担心是彭雪枫他们设计的圈套，但让心腹一打听发现确实是有这么回事，也就放松了警惕，仅带了几个手下就去了。联欢会上，大家挨个给黄继昌敬酒，黄继昌也不客气，一杯接一杯地喝了起来，很快就喝醉了。彭雪枫见状，赶紧命人拿下了黄继昌，等他酒醒发现上了当，早就为时已晚了。

第二天，黄继昌就被押上了刑场，围观的百姓各个都拍手称快。彭雪枫当众宣读了黄继昌的种种罪行，最后在群众的强烈要求下，对他进行了依法处决，之后又对他的部队进行了彻底改编。可以说彭雪枫带领新四军又一次为民除害，声名远播。

7. 活捉韩德勤

1934 年春，国民党趁日军大举进攻之时，也向共产党发起了新一轮的猛攻。当时的国民党江苏省政府主席、苏鲁战区副司令韩德勤联合豫皖苏边区第二路挺进军总司令王仲廉，准备东西夹击，彻底消灭新四军。

彭雪枫得知是韩德勤前来进攻，幽默地说道："我的老朋友又来了，看来是想我了啊。"原来韩德勤曾经两次当过彭雪枫的手下败将。第一次被擒后，韩德勤撒谎说自己只是部队的文书，不但换取了彭雪枫的同情，还得到了三块大洋，之后就溜了；第二次被擒后，韩德勤声泪俱下，苦苦哀求彭雪枫放他一条生路，发誓以后绝对不与新四军为敌了。可是如今，韩德勤背信弃义，又一次发动了对新四军的进攻。彭雪枫拍案而起说道："好，今天我就再会会我这个老朋友，看他还有多大的本事。"随即就将作战计划上报了中央军委，毛泽东回电道："如今国共乃合作关系，不到最后时刻，不能破坏。对韩德勤应该劝退，不退就逼其撤退。如果俘虏，则释放，以免给国军找到借口，致国共关系破裂。"彭雪枫看后立即领会了上级的意思，马上派人给韩德勤带话希望他能撤退，不要做无谓的牺牲，但韩德勤听后却冷冷地说道："想让我撤退，别做梦了。"彭雪枫看劝降不成，就只能开战了。在战争开始之前就具体交代过了，如果活捉韩德勤，就假装不认识随便找个理由放了。战斗的当晚，突然下起了大雨，气温也骤降，新四军战士们冒雨前行，而韩德勤和他的士兵们则躲在营房里睡大觉。八连连长孙长兴带领战士们先是除掉了外围的哨兵，之后包围了营房，然后直逼韩德勤的住所。总攻的枪声响起，韩德勤才从睡梦中惊醒，他慌乱地喊道："完了，完了，来人啊，来人啊，这回我可不能再当了彭雪枫的俘虏啊。"但屋里除了他，就是第三军团司令王光夏了，喊了半天一个人也没有，韩德勤知道大事不妙，对王光夏说道："老王，你出去和'共军'谈判。"王光夏知道新四军早就对他恨之入骨了，这下出去一定不会给他好果子吃的，于是说道："韩主席，我以前杀过那么多的新四军，现在让我出去和他们谈判，他们会杀了我的啊。您看我上有八十多岁的老母，下有妻儿，主席您就饶了我吧。"韩德勤愤怒地说道："现在就剩你和我了，你不去，难道要我去吗？你必须去，这是命令。"王光夏看军令不可违，虽一百个不愿意，但还是硬着头皮出去了，站在门口战战兢兢地喊道："新四军的同志们，我是王光夏，我们投降……"战士们一听是王光夏，怒火中烧，孙长兴说："这个王光夏，杀害了我们多少新四军战士，今天我们就要给大伙报仇。"说完一枪就要了王光夏的命。

韩德勤听到枪声立马吓得瘫坐在了地上，孙长兴带领战士们冲了进来，活捉了韩德勤。后来，在彭雪枫的多番努力下，韩德勤终于同意与新四军停战，并且永不再犯。

8. 秉公断案

1944 年，淮北中学发生了一起"特务"案件，起因是一个十七岁的女学生孙某偷了同学的 50 元钱，后来学校领导在全校范围内展开了大规模的查找特务的活动，两百多名师生，有五六十人受到牵连，一时间人心惶惶，风声鹤唳。

负责处理这个案子的淮北行署主任刘端龙因公出差，就请彭雪枫帮他代审这个案子。彭雪枫在整理案件卷宗的时候，发现了很多疑点：虽然女教师陈秉惠被指认为特务组织头目，但没有认罪记录，就一个胸针作为证据，证据也不充分，彭雪枫心中想道："奇怪了，这连口供都没有，是怎么结案的呢。"

彭雪枫于是马上找来警署的人说道："你们把陈秉惠带来，我要亲自审问。"警署的人看了看彭雪枫说道："恐怕来不及了，陈秉惠是特务组织的头目，罪大恶极，已经被判死刑，今天就要枪毙了。"彭雪枫大喊道："你们这是草菅人命，连证据都不充分，就要杀人了啊。"彭雪枫马上派人前去阻止。陈秉惠很快就被带到了彭雪枫的面前，彭雪枫问道："你为什么不交代问题呢？"陈秉惠怒吼道："我没有问题，你们要我交代什么。"陈秉惠当时并不知道审问他的就是彭雪枫，加上多次受到严刑逼供，心中很是气愤。彭雪枫并没有与她计较，而是再次问道："你说你不是特务，那么这个 C 形的胸针是怎么回事呢？据说它是著名的特务组织的标志。"陈秉惠冷笑一声道："胸针在上海到处都有，因为我姓陈，所以我一个同学专门从上海买来送给我的。"彭雪枫听了陈秉惠的话，更觉得疑点重重了。他决定要彻查此案，一方面他先让人安抚好陈秉惠，另一方面他马上派人联系了上海的地下党干部陈旭东，陈旭东听说有人把 C 字母胸针当作特务标志，哈哈大笑说："这种字母胸针上海大街小巷都是，尤其受到年轻学生们的喜爱。"彭雪枫听后直说："这太不严谨了，警署到底在干什么。"第二天，彭雪枫又来到淮北中学，找学生了解情况。一个姓祝的同学向彭雪枫道出了实情："彭师长，实情不是他们说的那样。陈老师我最了解，她是被冤枉的，她不可能是特务。"彭雪枫问道：

"那她是被谁冤枉的呢？"祝同学继续说道："是张校长和周老师，他们一直想要找出个特务内奸，好去邀功领赏。这时候正好孙同学偷了钱，她为了推卸责任就胡编了一个女特务，说是女特务指使他干的。张校长和周老师一听说有特务，就赶紧逼问学校还有谁参与了，孙同学无奈就随便说勒同学，结果勒同学遭到了他们的拷打，三根绳子都吊断了。勒同学受不了他们的折磨，违心地说陈秉惠老师是特务组织的头目。"彭雪枫听后拍着桌子说道："太过分了，身为校长和老师，不为人师表，竟然学特务拷打学生，天理不容啊。"随后彭雪枫立即召集警署和学校负责人开会，在会上，彭雪枫列举了种种证据，都表明陈秉惠不是特务，而一旁的张校长却是百般刁难，不肯承认，更是有恃无恐地嚷嚷道："彭雪枫你公然违背上面的意思，我看你也是内奸，我要去中央局告你。"彭雪枫说道："你想告我，好啊，正好我们都去中央局，大家把情况都说说清楚吗，让领导也都知道知道是谁为了邀功拷打学生的。"张校长见状赶紧躲到了一边，再也不敢出声了。

后来，在彭雪枫的亲自主持下，案件终于水落石出了。陈秉惠被无罪释放了，被牵连的五六十人也都被释放出狱。彭雪枫大公无私、不畏权贵的断案方式，给淮北老百姓留下了深刻的印象，从那以后彭雪枫在老百姓心中又多了一个名字——彭青天。

七、英雄陨落 血洒疆场

1. 壮烈牺牲

1944 年 8 月，彭雪枫率领部队到达了永北地区，无心抗战的国民党军队，担心共产党势力壮大，企图趁新四军立足未稳的时候，集中优势兵力，进行四面合击。中央军委非常重视，下令所属各部组织反击战，并且各部统归彭雪枫指挥。

接到中央军委的命令，彭雪枫觉得肩上的担子更重了。为了不辜负党中央领导的期望，经过深思熟虑后，彭雪枫决定先下手为强，率先攻占夏邑八里庄，从而粉碎敌军合击的阴谋。八里庄在夏邑县城以东，当时由国民党第二十八纵队第八十二支队李光明带兵镇守。李光明仗着有日伪军做靠山，平时横行乡里、无恶不作。为了阻止彭雪枫的新四军西进，李光明还派了四个营分别驻守八里庄的要塞地区，使整个支队互成犄角，进可迅速出兵，守可相互支援。彭雪枫在指挥部召开了干部作战会议，会上大家都主动请缨要求出战，但彭雪枫早就下定了决心要打这场仗，他说："八里庄地形十分复杂，敌人又占据了有利地形，还有一大批日伪军也正虎视眈眈，这场仗想要打赢，不容易啊，还是我带兵去。"参谋长张震第一个表示反对："我不同意，彭师长，你已经好多天都没有好好休息了，这次

抗日英雄
彭雪枫

就让我们去吧，我们保证完成任务。"一旁的十一旅旅长滕海清也站起来说："师长，你就带着三十一团到王白楼休息吧，不用你亲自去打八里庄。杀鸡焉用宰牛刀啊。我们能完成任务。"彭雪枫坚持说道："你们不要小看一个小小的八里庄和李光明，这次注定会有一场艰苦的战斗，我不去不放心啊，就这么定了，谁都不要再说了，都回去做好战斗准备啊。"大伙看劝不动彭雪枫，也只好领命各自回去准备了。9月11日2点钟，彭雪枫率领部队已经神不知鬼不觉地把八里庄、小张庄和李小楼分割包围起来。4点总攻开始，战斗进行得很顺利，仅用了

抗日英雄
小故事

一个多小时，就歼灭了李光明两个营，敌人向后退缩负隅顽抗，两方进入了僵持阶段。彭雪枫下令道："命令我军停止正面交锋，我们采用围三缺一的战术，假装进攻敌人的三面，留一面给他们突围。然后在突围口埋伏兵力，等他们突围的时候再一网打尽。"军心不稳的敌军轻而易举地就上了当了，按照彭雪枫的设想中了圈套。彭雪枫知道后很是兴奋，带着警卫员刘书芳跑到高墙上去观察敌情。根据敌人状况，彭雪枫又果断命令炮兵向前沿开炮，阻击敌人逃出伏击圈，又命令二十五团从后面发起追击。陷入重围的敌人像昏了头的苍蝇开始乱开枪、乱射击。一时间，子弹、散弹、冷枪满天飞，而彭雪枫却不顾个人安危，仍然站在高墙上指挥战斗："同志们冲啊！冲啊！"

看得一旁的警卫员刘书芳很着急，上前拉住彭雪枫说："师长，危险危险，快下来快下来。"说着彭雪枫来到了散兵坑，散兵坑里凹凸不平，彭雪枫下到坑里还没站稳，就听远远一声冷枪传来，彭雪枫感觉身体一颤，随即就倒在了地上。刘书芳大叫："彭师长，你怎么了？卫生员快来啊，彭师长受伤了。"这时张震、吴芝圃闻讯赶来，彭雪枫看了两人一眼，瞳孔的光芒便即刻消失了。大家很快在彭雪枫左心房找到了一个像小刺扎破的伤痕，原来是子弹击中了他的左心房。卫生员赶紧给彭雪枫打了一剂强心针，但一切都太晚了。吴芝圃抱着彭雪枫还有余温的身体，泪流满面地说："师长我知道你没事，你别吓唬我们啊，你快醒醒啊。"但任凭他们怎么呼喊，彭雪枫再也没有醒过来。

因为事出突然，张震急忙电告了后方中央，并且根据中央指示派滕海清带人到王白楼一户大地主家，将彭雪枫入殓，之后悄悄用船送回了路东，暂时安葬于洪泽湖边的柴滩上。一代抗日名将彭雪枫就这样牺牲了，但他的威名和事迹永远被人们铭记于心。

2. 军民哀悼

彭雪枫牺牲以后，为了不影响部队的士气，也为了保护身怀六甲的彭师长爱人林颖，师领导请示新四军党委后，决定暂缓公布彭师长阵亡的噩耗，并要求有关人员保守这个秘密。根据师领导的指示，滕海清派人到王白楼一户大地主家，用500块银圆买了副上好的棺材，将彭雪枫入殓，悄悄地用船送回路东，安放在成子湖边的柴滩上，然后运回四师师部驻地半城，暂时放在半城附近一只停泊在濉河上的大木船里，日夜派人看护。直到1945年1月24日，彭雪枫师长牺牲的消息才公布于世。

对彭雪枫的牺牲，党中央极为重视。中共中央办公厅和第十八集团军总司令部在《解放日报》上联合发出启事：新四军第四师师长彭雪枫同志，1944年9月间阵亡淮北前线。雪枫同志早年献身革命，备尝艰险。抗战后组织人民武装，于豫皖苏一带驱逐强敌，解放人民，创建淮北抗日民主解放区，功在国家。噩耗传来，同声哀悼！之后，毛泽东、朱德、刘少奇、彭德怀等率延安各界代表1000余人，在延安中央大礼堂沉痛追悼彭雪枫师长。中央大礼堂门口挂着中国共产党中央委员会的挽联："为民族，为群众，二十年奋斗出生入死，功垂祖国；打日寇、打汉奸，千万同胞自由平等，泽被长淮。"毛泽东、朱德、刘少奇、彭德怀和陈毅等也都致了悼词。2月2日，7000多淮北军民从停在濉河上的大木船上，将彭师长灵柩恭迎到原驻地大王庄，并于2月4日到6日举行了公祭。2月7日，在洪泽湖畔的泗洪县半城镇大王庄，淮北各界16000余人参加了彭雪枫师长的追悼大会和安葬仪式。在追悼会上，军民齐声呼唤师长，声震淮北。从半城到大王庄，两公里的路边上，群众自发地摆了128处祭桌。每个祭桌上都放着一炉香、一碗水和一面镜子，表示颂扬彭师长为官清如水、明如镜。在彭师长的灵柩运往墓地时，老百姓成群结队地跟在后边，哭声一路。不少年迈的老人，拄着拐杖，在子孙的搀扶下，也跟着送葬。棺材下葬后，淮北根据地各县干部群众，还络绎不绝地到墓地拜祭。中共中央华中局代表看到这些情景感慨地说："一个领导同志牺牲后，出现这样动人的情景，过去很少有。可见，彭雪枫在人们心目中的高大。"

　　1945年5月，淮北区党委和行署决定，在彭雪枫墓地修建"淮北烈士陵园"，并建造"淮北抗日阵亡将士纪念馆"。陵园中，铸造彭雪枫师长半身铜像一座，镌刻着彭师长及淮北抗日阵亡烈士英名录的石碑13块，还有淮北解放区阵亡将士纪念塔等建筑物。纪念塔高8米，塔顶有新四军战士铜像一尊。战士铜像身高5米，一手持枪，一手指向东北方向，表示一定要把日寇赶出中国。铜像形象逼真，雄风浩然。陵园的大门上，为李一氓亲笔题写的匾额和对联。对联是："半壁河山留战绩，两淮风雨慰忠魂。"

3. 英名永存

1945 年，日本人无条件投降，历时八年的抗日战争终于以中国人的胜利而画上了圆满的句号。彭雪枫虽然已经牺牲了，但他却始终活在每一个人的心中。1946 年蒋介石发动了内战，新四军四师部队和淮北地区的党政机关为了保存实力，选择了撤离。不久国民党部队就和地主还乡团进入了淮北，他们到淮北以后做的第一件事就是破坏彭雪枫陵园。

国民党带兵来到彭雪枫陵园，毫无人性地挖出了彭雪枫将军的遗骨，有个军官还笑着说道："彭雪枫，别以为你死了，我们就拿你没办法了，今天就让你难入土为安。"说完就吩咐手下的人把彭雪枫的遗骨抛撒在了水塘里和路旁的荒野。之后还把陵园能烧的都烧了，不能烧的全都弄得支离破碎。敌人的暴行被陵园的守园人李哑巴全都看在了眼里，李哑巴曾给彭雪枫将军喂过马，彭雪枫将军一直对他非常好。为了报答彭雪枫将军，所以李哑巴自愿来守护陵园。但没想到陵园如今让国民党破坏了，他急得直跺脚，但也无可奈何，他在心中暗暗想道："我绝不会让彭师长的遗骨就这么让敌人糟蹋了。"晚上，等国民党走后，李哑巴就在黑夜里冒着生命危险，从陵园外的河流里游进了陵园里，他从齐腰的水塘和荒野路旁，把彭师长的遗骨一块一块地收集起来，装进事先准备好的布包里，然后连夜奔向了洪泽湖边，把彭师长的遗骨交给了一位熟识的老乡，后来这位老乡又联系上了游击队，将遗骨交给了他们。游击队员用红绫把彭师长的遗骨包好，装入一个坛子，再放进棺木中，秘密埋在洪泽湖边的一个石岗上。但事情没过多久，由于坏人告密，李哑巴被敌保长高欧魁抓住。高欧魁对李哑巴严刑拷打，要其交出彭师长的遗骨。哑巴虽然不能说话，但他始终怒视高欧魁以及他手下的爪牙们，无论他们怎么折磨他，他都没有改变过自己的眼神。最后坚贞不屈，被敌人残忍地杀害了。善有善报，恶有恶报，1947年3月，我军打回淮北，高欧魁和破坏烈士陵园的凶手被枪决。

1949年1月，淮海战役刚刚结束，时任华东野战军参谋长的张震，冒着刺骨的寒风专程来到半城镇，看望久别的父老乡亲，凭吊牺牲的战友。当他目睹彭雪枫墓和烈士陵园遭受敌人疯狂破坏后的惨景时，无比愤怒，泪流满面。张震当即指示说："彭雪枫是我党的功臣，抗日战争时期的名将啊，决不能让彭师长受到如此不公的对待，要立即重新修建淮北烈士陵园。"随后，人们把彭师长的遗骨从洪泽湖畔石岗上起出来，用棺木重新入殓后，安葬在一块新墓地上。新墓地的墓址，从原来的纪念塔南，移到纪念塔北。重建后的彭雪枫墓和淮北烈士陵园，庄严肃穆，烈士纪念塔巍峨高耸，纪念室宽敞整洁。

如今，彭雪枫墓和淮北烈士陵园，已被列为江苏省重点文物保护单位和爱国主义教育基地。彭雪枫的英名永存，他的英雄事迹也激励着一代又一代的中华儿女努力向前、拼搏奋斗。